ラウンド・アバウト

フィールドワークという交差点

神本秀爾
岡本圭史
【編】

集広舎

装丁／design POOL

まえがき

人について考えるにはさまざまな方法があり、学問も数多くある。人について考えるために、実際に現場に身を置く、フィールドワークという営みもそのひとつである。なかでも、文化人類学という学問では、フィールドワークは研究を進めるためには欠かせない方法論になっているが、隣接の社会学や歴史学、宗教学などでもおこなわれている。

一方で、そのような知の成果を教授することが使命のひとつとなっている大学の教育現場では、まったく異なる文脈でフィールドワークという語が使われていることもある。たとえば、編者の勤務先には、就職活動に向けて業界のことを学ぶ「キャリア・フィールドワーク」というカリキュラムが存在する。業界研究や企業研究、就業体験などをおこなうようだ。

それなりに長い期間フィールドワークにたずさわってきた立場からすると、「キャリア・フィールドワーク」という言葉には違和感がある。なぜなのだろうか。せっかくなので、その違和感を手掛かりに、本エッセイ集の意図や特徴を説明してみることにしたい。そのために、編者の専攻してきた文化人類学が主に対象にしてきた「異文化」をキーワードに使うことにする。なお、以下では、人類学的なフィールドワークを念頭に置いて書き進めるが、方法論としてのフィールドワークと実践者との関係は、隣接分野の場合にも、ある程度は当てはまるだろう。

そもそも異文化とはどのようなものなのだろうか。一般的に、異文化の反対語は自文化である。人類学的なフィールドワークでは、この自文化と異文化の境界、つまり「自（己）／他（者）」の境界はある程度強固なものだということが前提になっている。この前提を支えているのは、自分たちの世界のあり方とは異なる世界があることを認め、なおかつ、そこに優劣をつけないという相対主義的な認識だ。人類学者は、ひんぱんにその境界線を行き来しながら、人間一般についての理解を深めようとしてきた。

「キャリア・フィールドワーク」という言葉に違和感を覚えてしまう理由のひとつは、境界線の引き方が違うためであるように思える。「キャリア・フィールドワーク」には、「学生／勤め人」という、近い未来に自分たちが参入していき、いずれその担い手の一員になる世界を受け入れるための準備という意味が強く、前者は後者へと移行する手前の存在として、相対的に軽い位置づけがされているように思えるからだ。人類学者たちフィールドワーカーはたしかに異文化へ行く。しかし、その理由は異文化の型を自文化に取り入れる準備をするためではないし、ましてや自文化を異文化の型に合わせることではない。

それでは、「キャリア・フィールドワーク」と人類学的フィールドワークはまったくの別物かというと、もちろん重なるところもある。たとえば、どちらの場合でも自分自身が変化する点は共通している。「キャリア・フィールドワーク」では、勤め人の世界を知ることが目的なので、その変化は望ましいものとされている。そのエピソードはレポートやエントリー・シート、面接などで「使えるネタ」にもなるかもしれない。

一方、人類学者たちは、フィールドの文化や人々が近代化やグローバル化、資本主義経済の浸透といった影響を受けて変化する姿については雄弁だが、フィールドでの経験が自分自身に与えた変化についてはあまり大っぴらに語ってこなかった。

なぜなのだろうか。その理由のひとつに、学問は客観的・普遍的なものであるべきとされていることがあげられる。もちろん、学問としては大切なことだが、事実として人は変化する。何よりも、フィールドについて調べはじめた段階から、現地で生活をする一瞬一瞬に、感動や感心、違和感や嫌悪感といった、フィールドワーカーを変化させるきっかけが潜んでいる。そのような経験のなかで、「自/他」の境界線は絶えず引き直され、結果として境界そのものも曖昧になっていく。

おそらく、多くのフィールドワーカーがフィールドで、初対面の人と話をし、場合によっては最初にその地で眠るときに、これまでにはない緊張や不安、興奮を覚えたはずである。アルフォンソ・リンギスは、物理的には目の前にいる他者との絶望的な距離を乗り越えるために「信頼」することを肯定するが、フィールドワークとは、彼の言う「信頼」の積み重ねのうえに成り立つ、その都度自己が更新されるような経験である。実は編者は、フィールドワークの醍醐味のひとつは、この過程にあるように感じている。

　このエッセイ集のタイトルの「ラウンド・アバウト」とは、近年日本でも増えている環状交差点のことで、フィールドをこの交差点に見立てている。例えば、フィールドに入っていくのは、ドライバーが環状交差点に進入していくのに似ている。運転を学び始めて、初めて進入するときの緊張感をイメージしてもらうと分かりやすいかも知れない。

　ただ、ドライバーとの大きな違いは、フィールドワーカーにとっては、この交差点こそが目的地だということだ。交差点としてのフィールドワークでは、自分の前や後ろを行くドライバーを眺めたり、その距離を詰めて並走したり、あるいは離れてみたりしながら、そこで出会った人たちを理解しようとする。運が良ければ、何周も一緒に並走してくれる友人に出会えることもある。

　本書には、編者を含めて一六人、二〇本のエッセイが集められているが、どのエッセイからも、調査地の人びとの目線を追いながら、彼ら／彼女らの目の前に広がる世界を理解しようとする著者の息遣いが聞こえてくることだろう。

　本書はなるべく自由なテーマで書いてもらったものを、内容をもとに大きく四部に分けたものである。Ⅰ部からⅢ部は、フィールドワークの段階にある程度対応しており、Ⅳ部はわたしたちの日常世界と離れた世界の想像力をテーマにしている。この分け方は便宜的なものなので、どのような順番で読んでもらってもいいと思っている。読者のひとりひとりが、各エッセイの著者とラウンド・アバウトで出会ったような気分で想像を膨らませて楽しんでもらえることを期待している。

編者を代表して　神本秀爾

ラウンド・アバウト◉目次

第Ⅱ部　よそものになりに行く　フィールドワーカーになる

第Ⅳ部　もう一つの世界　フィールドのもう一歩奥へ

第Ⅰ部

本を片手に海を越えよう

フィールドとの出会い

見たいと思うものの先にフィールドはある

フィールドワークが始まった瞬間　［ジャマイカ］

神本秀爾

1　フィールド

少し先に海が望める、それほど高くない山の一角にそのコミューンはある。そこにいると、風に揺られた木々や葉が立てる音だけでなく、虫の羽音やトカゲの鳴き声も聞こえ、本来、世界はこのような自然の音だけで成り立っていたということに気づかされる。背後には力強い緑色の山並みが迫っている。ななめ下に視線を落とすと、水が枯れて赤土が露出した川の跡が見える。日なたに出ると強い日差しの威力が地球の重力に加わって、重たい空気にとらわれているように感じられる。大声を出すことや早歩きはここには似合わない。

ここは、ある人たちの意思や思想によって新しく創造された世界で、現在もその意思や思想に共鳴・共感する人たちが住んでいる。そこで暮らす人、訪れる人たちには、深い黒っぽい肌の色を持つ人から、白っぽい肌の色を持つ人までいる。だが、ほとんどが黒い肌の人である。男性が多く女性は少ない。大人が多く子供は少ない。使われている言語はところどころ英語のようだが、ときには全く違う言語のようでもある。言語を理解するための集中が切れたときなどは、その抑揚や笑い声、嬌声などは音楽のように心地よく響く時がある。彼らのほとんどは長く伸びた髪を持ち、それらは多くの場合、腰のあたりまである。足元近くまでの人もいる。彼らの髪はちょっとやそっとの風ではなびかない。なぜなら、彼らの髪は複雑に絡まり合い、頭頂部から数十本程度の細いロープのように垂れ下がっているためである。男性はその髪を、頭頂部を中心に巻き上げて布で覆っている。女性は後ろに流してやはり頭を覆っている。

彼らの多くはジャマイカ人である。ジャマイカ人であるというのは、新しく生まれた人間ひとりひとりに付与される国籍という観点からの言い方である。なぜこのような回りくどい言い方をするのかというと、彼らはジャマイカ人ではなく、アフリカ人、エチオピア人だと言うためである。しかし、彼らの主張は、一般にはあまり受け入れられていない。彼らは、それ以外にも、多くのジャマイカ人が受け入れられないようなことを言う。それは、一九七四年にクーデターで失脚したエチオピア皇帝、ハイレ・セラシエ一世が、聖書で預言されていた救世主だということである。彼はクーデター時に殺害されたとされているが、彼らのなかには、セラシエはまだ生きていると言う人もいる。このような主張は「非常識」であるように聞こえる。しかし、この「非常識さ」は、ジャマイカ島の歴史があってこそできあがったものでもある。

現在ジャマイカと呼ばれる島にもともと肌の黒い人たちはいなかった。最初に肌の白いスペイン人が来て、先住民のインディオと出会い、彼らを労働力として搾取する過程で、後者は死に絶えてしまった。ほとんどの肌の黒い人たちの祖先は、その後に大量に西アフリカや中央アフリカから奴隷として運び込まれた人たちである。一七世紀にその島がイギリスのものになってからは、他のイギリスの島々と同じようにヨーロッパ向けのサトウキビを生産する場所になった。一八三八年に奴隷制度が廃止されると、プランテーション労働のためにインドや中国から年季奉公人が訪れた。そして、少しずつ国の形を整えていき、一九六二年にジャマイカという国ができた。人口の九割が黒人（black）と分類されており、主な宗教はプロテスタントのキリスト教である。このキリスト教は、イギリス人よりも、南北戦争後に訪れたアメリカ人の宣教師たちによって広められた。その土壌の上に生まれたのが、ラスタファーライと総称される宗教的思想・実践である。冒頭で風景を描写したのは、わたしがフィールドワークで訪れていたラスタファーライ宗派のコミューンである。

2　彼らに惹かれた理由

わたしが彼ら、ラスタファリアン、またはラスタと呼ばれる人たちに興味を持ったのは学部の三回生の頃で、きっかけはレゲエである。ボブ・マーリーももちろん聴いたが、いちばん好きだったのはプリンス・リンカーンのバンドだった。ただし、わたしが彼らを知った時は、どちらもすでにこの世にはいなかった。その頃に活躍していたのは、より過激なメッセージを歌にする、ディージェイ、シング・ジェイと呼ばれるシンガーたちだった。彼らは、「誤ったことを教える白人用の神はいらない」(Sizzla／No white God) とか、「教皇のいるローマに火を付けろ」(Anthony B／Fire pon Rome) といった、反キリスト教的なメッセージを歌うこともあり、雑誌や書籍では、「悪を燃やし尽くす戦士」「バビロンの闘士」「ゲットーの聖人」など、アグレッシブな言葉やロマンチックな言葉で形容されていた。わたしにとって聖書もキリスト教も縁遠く、生活に根差したものではなかったので、彼らの音楽との出会いは、キリスト教や聖書が喚起する宗教的熱情について、初めて自分に引きつけて考える機会になった。

もう少しその頃のことを書くことで、なぜこの出会いが自分にとって重要だったのか補足しておきたい。わたしは、中学校の三年生から学部三回生の頃まで、主にバンド演奏向けの音楽をつくっていた。私がいちばん重視していたのは作詞で、各楽器の演奏は詞を届けるための乗り物のように位置づけていた。とは言っても、詞に込められたメッセージがそのまま読み手に伝わることなどない。このことは、切実に伝えたい内容があるつもりでいた自分にとっては、大きな問題だった。そこでどうすべきかと考えていた時に、「作者の死」などに言及したロラン・バルトのエッセイ［バルト　一九七九］に出会った。作者のみがその作品の特権的な解釈者ではなく、解釈は読み手に広く開かれているという宣言は、わたしの抱えていた課題の前提を崩すものだった。わたしは、わたしもまた多くの作品の解釈者であったことに気づき、解釈者の能動性に関心は

会議派コミューンの入口

移っていった。そのような時に、聖書というテクストを大胆に読み替えるラスタに出会い、彼らが独自の解釈をもって世界に働きかけていく様子に興味を持つようになったのだった。

　シズラやアンソニー・Bはエチオピア・アフリカ黒人国際会議派（以下、会議派）というラスタファーライ宗派の一つに深く関わっていると説明されていた。二〇〇五年から二〇〇九年まで、わたしは修士論文と博士論文執筆のために会議派のコミューンを繰り返し訪れた。

3　世界の再解釈

教義にはもちろんだが、建物や衣装

にも、会議派の様々な解釈の痕跡を見て取ることができる。たとえば、内と外を隔てる柵や門扉、多くの建物はアフリカの国旗で多く使われている、赤・黄・緑の三色で塗り分けられている。この三色は、ラスタにちなんでラスタ・カラーと呼ばれることもある。敷地の中には礼拝堂や食堂、住居などがある。会議派には他のラスタファリアンとは大きく異なる信念がある。その核心には会議派の創始者エマニュエルをセラシエと合わせて崇拝の対象としていることがあり、絶対的な解釈者としてエマニュエルが描き直した世界が生きられている。いくつか例をあげよう。彼自身は「黒いモーゼ」「神であり王」「人権の擁護者」などと位置づけられている。また、彼がこのコミューンを拠点とするまでの遍歴はイエスの移動になぞらえられている［Chevannes 一九九四：一七三］。このように、会議派は時間と空間についての私たちの常識を軽やかに乗り越えている。

もう少し続けよう。コミューンを入ってすぐのところには「在ジャマイカ（エジプト）・エチオピア大使館」と書かれている。言わば、勝手に大使館を名乗っているのである。そして、その横にある門衛所などの建物は、赤・黄・緑の順で塗り分けられているだけでなく、黄色の中心に黒の五芒星が描かれていて、これはガーナ国旗の柄である。事態が複雑になってきた。ジャマイカとエジプト、エチオピアとガーナの関係はどのように理解されるべきなのだろうか。

最初にジャマイカとエジプトの関係から整理していこう。『出エジプト記』に描かれている、モーゼに率いられたイスラエルの民のエジプトからの脱出のエピソードは、理想の地を求める多くのキリスト教徒を鼓舞するものだった。会議派では、預言の成就という点から、現在ジャマイカと呼ばれている島は聖書に描かれていたエジプトであり、セラシエが治めたエチオピアこそが理想の地だと説明されるのである。しかし、出ジャマイカ（エジプト）を果たしたとしても、多くのジャマイカ人のルーツはエチオピアではないために、物理的なずれが生じるように思われる。この点については、「かつてアフリカ全土はアビシニアと呼ばれていた」とか、「現在の国境線は植民地主義の時代に人為的に引かれたものに過ぎない」という理由から、アフリカ大陸そのものへの愛着を強調することで乗り越えられる。

それでは、なぜガーナなのだろうか。すでに述べたが、現在ジャマイカ人と呼ばれる人のルーツは西アフリカ・中央アフリカにあり、ガーナはその一部である。会議派のコミューンの名前はボボ・シャンティと言うのだが、その意味は「（ガーナにいた）アシャンティ族の子孫」を意味すると言われている。ガーナは一九五七年にアフリカ大陸で最初にイギリスからの独立を果たした国家で、その初代首相はクワメ・ンクルマである。彼は、ジャマイカ生まれで黒人の地位向上や白人社会からの自立を主張し、ジャマイカだけでなく、アメリカで爆発的に支持者を増やしたマーカス・ガーヴェイの思想に共感していた。初期のラスタの多くはガーヴェイ主義者でもあったことから、会議派は、ガーナを重視したのである。このように、会議派では、聖書由来の要素と同時代の出来事が組み合わされ、独自の物語が作り上げられている。当然ながら、このような物語は、主流社会とのあいだに世界の認識をめぐって、しばしば摩擦を引き起こす。以下にその具体例を紹介する。

大英帝国は、一八三四年の八月一日に奴隷制廃止を決定した。その後カリブ海地域のイギリス領ではこの日は祝日とされるようになるが、ジャマイカでは一九六二年の独立後から、一九九八年までのしばらくのあいだは祝日ではなくなった。会議派は一九九九年に、この奴隷解放を記念する祝日に女王の代理人である総督のオフィスに向けてのデモ行進を始めた。

わたしは二〇〇六年、彼らの行進に参加した。行進はダウンタウンの中心部を七周回るところから始まる。聖書に詳しい人は知っているかもしれないが、これはモーゼの後継者ヨシュアがカナン人を攻略した「ジェリコの要塞」の故事を下敷きにしている。真夏の盛りだが、参加者たちは全身をしっかりと白の衣装でまとい、黒のターバンで頭を覆っている。国連旗や国連のシンボルである水色のショールを身につけている参加者もいるが、それは、アフリカ連合同様にセラシエが国連を作るのを主導したと考えられているためである。

行進の盛り上がりの一つは、総督のオフィスの前でエマニュエルの名で書かれたアフリカ帰還を要求する手紙を渡す許可を得ようとする瞬間であった。彼らを敷地内に入れまいとする警官たちと軽くもみ合いになった結果、集団は車道をはさんで、向かいのホテル前の壁面に追いやられた。しばらくのあいだ、彼らは抗議の声を上げたり、ドラムに合わせて会議派の聖歌を歌ったりした。その後、彼らは繁華街のハーフウェイ・ツリーを経て、会議派の本部が最初に置かれた、ダウンタウンのスパニッシュタウン・ロードへと向かい儀礼をおこなった。

デモ隊と警官

4　あるがままに見ることの大切さ

その夜、コミューンにいた参加者たちは、行進がいかに大変だったのかということや、いかに警官の前で堂々と自分が振る舞ったかということや、彼らの主張を受け入れない社会への不満などを口々に述べていた。わたしはそれを聞きながら、少し物足りない気分でいた。行進にリズムを与えるドラムの音や彼らのシュプレヒコール、途中で歌われた聖歌などを聞きながら高揚していた自分が置き去りにされたように感じたからだ。一〇年以上昔のことなので、当時の感覚に対する記憶も曖昧だが、正直なところ、わたしはそれ以上のドラマチックな展開を期待していたのだと思う。また、わたしにとっては初めての参加だったため、今回の行進で会議派の今後に大きな変化が訪れることを期待していたということもあった。それは、フィールドでの生き生きとしたデータを集めたいという欲望にも由来していたことだろう。しかし、実際のところ、多くの参加者の理解は違った。彼らの多くにとって、たしかにこの行進は大事だが、継続することに意義を見出しているような、責任感や義務感に近いものだった。そう言えば、行進の前日にも、そのような声は聞いていた。それにもかかわらず、私は自分が見たいと思っていたものを見ようとしていたのである。それまでに、彼らとの付き合いは数カ月に及んでいたので、「バビロンの闘士」「ゲットーの聖人」といった言葉は彼らのごく一部しか表現していないことには散々気づいたのに、それでもまだ彼らをフィルター越しに見ていたのである。そう、見かけの派手さや主張の過激さが際立つが、会議派のコミューンもまた、ひとりひとりのメンバーの、多くの場合、淡々とした日常が積み重なってできていたのである。このことを実感して以降、ひとりひとりの人間としての彼らに寄り添って考えたり、正直に向き合ったりできるようになった。行進の翌日、二〇〇六年八月二日の昼間は冒頭に書いたような静かな一日だった。

❖参照文献

バルト、ロラン　一九七九『物語の構造分析』花輪光訳、みすず書房。
Chevannes, Barry　一九九四　*Rastafari: Roots and Ideology*. Syracuse University Press.

「わかる」への凸凹な道のり　どうしようもない身体を抱えて走って

［ケニア］

萩原卓也

1　何本食べてもバナナはうまい！

本日八本目のバナナを口に押し込む。うまい。採れたてのバナナはなぜ何本食べても飽きないのか。これで練習に戻ることができる。空っぽだったカラダに力が舞い戻ってきた。ふたたびみんなと走り出したはいいものの、おかしい。自分だけ水の中にいるようだ。どうあがいても、どうもがいても、みんなのペースにはついていけない。徐々に離され、みんなの背中が遠くなっていく。急に世界が立体的になったみたいだ。自転車をとおして感じる路面のでこぼこが、さっきより強い。みんな行ってしまった。置いていかれて、ひとりぼっち。ケニアまで来て、なにをやっているのだろうか。太陽もすっかり昇って、容赦なくわたしの輪郭をアスファルトに焼き付ける。朝七時に出発したときは寒かったのになぁ。ここは標高二〇〇〇メートルの高地。肺に侵入してくる空気は、まだどうにか冷たさを保っている。まわりには、十数キロメートル先まで続くお茶の大農園が広がり、ほのかにお茶の葉の香りがする。緑で埋め尽くされた丘には、ポツポツと鮮やかな点が散在している。カラフルな布をまとい、手編みのかごを背負って、茶葉を手摘みする人びとの姿だ。黙々と、ただ黙々と。わたしも、ペダルを回し続ける。淡々と、ただ淡々と。わたしがようやく合宿所に帰ってきたのは、彼らが到着してから二〇分ほどたったあとだったようだ。気づけば服には白く塩が噴いていた。練習後の疲労感、空腹感ときたら、半端ない。練習後に、みんな我を忘れてうつろな目で山盛りの昼食をむさぼり食う姿は圧巻である。疲労感に負けて昼食を調理するのが面倒なときは、大量の食パンを買ってくることもある。まるでそのままパンを飲み込んでしまうほど大きく広げた手でパンを鷲掴みにし、もう片方の手にはミルクティーを抱えて、胃に流し込んでいく。わたしも負けてられない。普段は食べるのがゆっくりなわたしも、自然とそうせざるを得ない。本日の走行距離、一一三キロメートル。累積獲得標高、一七三五メートル。これをあと何日繰り返せば、彼らのことが、わかるようになるのだろうか……。

これは、わたしがケニアで調査を始めたころに書き留めたフィールドノートの一部である。調査中は、観たこと、聞いたこと、感じたこと、いろいろメモをとる。日本を出発してから帰国するまで、調査は半年にも、一年にもおよぶことがあるので、その量は膨大になる。しかし、メモの量が増えたからといって、彼らのことをより理解できるようになるかというと、事はそう簡単ではない。人類学者は、直接的にではないにしろ、異文化理解、他者理解、人間理解と、「理解」を説く。では、わたし自身はどうだったのか。調査のなかで、どのように調査地の人びとのことを知り、わかるようになっていったのか。今回は、フィールドワーカーらしく、頭ではなく足を使って自分自身で感じてきたことを振り返りながら、このことについて書いてみたい。

2　ケニアとの出会い、彼らとの出会い

「ケニアに自転車競技選手がいるらしい」

わたしと調査地ケニアとの出会いは、自転車をとおしてであった。自転車は幼いころからわたしの大切な相棒であり、誰かと仲良くなるのにも、どこかに遊びに行くのにも、自分自身を表現するのにも、いつもそこには自転車があったと言ってもいい。「ケニアで自転車？」そこになにか自分に近いものと、遠いものを感じながら、わたしは文字通り自転車を担いで、二〇一三年三月に初めてケニアを訪れた。

もちろん、ただケニアの自転車競技選手に会いたいという理由で、わたしの研究が成り立っているわけではない。わたしは、身体（カラダ）ひとつを頼りに生き抜いている人びとが形成する集団の在り方に関心があった。しかし考えてみれば、この世界に生きている人びとは全員、その仕方は違えど、身体を精一杯使って生きている。そのなかで、身体のパフォーマンスを生業にしている極端な存在として、アスリート集団をあげることはできないだろうか。スポーツという現象

は、生業、趣味、娯楽、健康、教育など、さまざまに形を変えて、わたしたちの生活の細部にまで食い込んでいる。ケニアの自転車競技選手にとって、地域社会にとって、スポーツはどのような存在なのか。もっと大きく言ってしまえば、スポーツをすることによって、身体を動かすことによって、人びとはいったい「なにをしている」のか？ このような疑問を抱えながら、現在まで合計すると二年弱の時間をケニアで過ごし、調査を実施してきた。

わたしが足を突っ込んでいる人類学という学問は、人との「出会い」のなかで、「人間が生きるとはどういうことか」をとことん突き詰めて考えていく。人類学は「参与観察」という手法を大切にする。まさに人びとの生活に研究者自身も参与していくなかで、その人たちの暮らしや考え方を理解しようとする試みである。もちろん、観察だけでなく、現地の人と（できれば現地の人の言葉で）対話することも必要であるし、彼らがやっていることを実際にやってみることも重要である。実のところわたしは、人と、とくに初対面の人と話をするのがあまり得意ではない。そこでわたしがとった作戦は、彼らがやっていることを彼らと同じようにできるまで徹底的にやってみること、であった。

3 自転車で生き抜こうとする若者たち

ここでいう自転車競技とは、舗装路を利用して着順を競う長距離ロードレース、また未舗装路

合宿所，今日もここから練習が始まる

で行われるマウンテンバイクのレースを指す。欧米を中心に人気を誇る競技であるが、近年、アジアやアフリカ出身の選手がレースで活躍する姿を観るのも珍しくなくなってきた。

わたしが調査しているのは、自転車競技選手の育成をおもな目的とする団体S、およびその周辺地域である。団体Sは、東アフリカの中心都市であるナイロビの郊外、キクユという町の近くに、「合宿所」という共同生活の場を構える。この団体は、ヨーロッパで自転車競技のプロ選手として活躍したケニア人男性によって、一五年ほど前に設立された。彼は団体を管理する監督者であり、いまだに現役選手でもある。現在は、キクユ周辺で生まれ育った若者一五人がここで暮らしている。

ケニア国内の失業率は高く、中等教育を終えたとしても多くの若者が定職には就けず、日雇い労働をしながらその日暮らしをしている。団体Sに集まる彼らも例外ではない。団体Sは、そのような「恵まれない」若者に対し、トタンでできた簡素な長屋を共同生活の場として、また自転車装備一式をトレーニングの機材として提供する。自転車競技をつうじて自己管理の仕方や課題に取り組む姿勢などを教え、荒波のケニア社会を生き抜く術を身に付けさせることが、団体の目標の一つである。

彼らと同じことを同じようにやってみることを掲げたわたしは、ありがたいことに団体Sの「合宿所」で彼らと共同生活をさせてもらえることになった。炊事洗濯にはじまり、自転車の整備、練習・大会への参加、さらに観光客向けの自転車ツアー・ガイドを彼らとともにこなすなかで、彼らの世界に迫ろうと試みてきた。これまでに彼らと一緒に自転車で走った距離は、約七五〇〇キロメートルである。

4　うれしい、悲しい、大嫌い？

ケニアでは一般的に、「自転車」といえばブラック・マンバを指す。それは、黒い鉄製のずっしりとした自転車で、おもに人の移動や荷物の運搬のために男性を中心に使用されている。最近は、健康志向の高まりや、「エコ」への関心なども相まって、マウンテンバイクやロードバイクといった自転車を購入する人が増えている。また、ケニア在住の外国人のなかにも、自転車愛好家は多く見受けられる。

団体Sの彼らにとって、自転車競技は生活していくお金を稼ぐ手段である。団体Sを維持していくための資金は、スポンサー契約を結んでいる企業からの手当、顧客から依頼される自転車の整備に対する工賃、観光客への自転車ツアー・ガイドによる報酬などから得ている。整備の工賃やガイドによる報酬の一部は、それらを担当した人のポケットに入る。大会で良い成績を収めれば、多額の賞金を手に入れることもできる。

スポーツをとおして地域に雇用を生む。自転車というモノをとおして若者が社会で生きていく術を学ぶ。なんとも響きの良い物語ではないか。しかし、だんだんと調査を進めていくうちに、彼らの共同生活は決して穏やかではない、ということも明らかになってきた。「あいつはライオンなんかじゃない、ロバだ！」「若いやつらに悪知恵を吹き込み、俺をおとしめようとしているんだ！」お金をめぐってドロドロした人間関係がそこにはあった。というのも、それぞれの選手の二〇一五年一〇月から二〇一六年三月までの半年間の現金収入額を調べると、選手のあいだには最大で四〇倍もの開きがあることがわかった。その収入格差は、選手のあいだに深刻な摩擦や嫉妬を生じさせるのに十分だったようだ。研究者は、人びとのタテマエではなくホンネを知りたいと思っている。彼らのホンネをわたしにもぶつけてくれることは素直にうれしかった。いわゆる人間臭さが彼らからも匂い立つことに安心も覚えた。それと同時に、けっきょくどこに行っても金か、という状況に正直ショックでもあった。

しかし、彼らと長く生活していると、驚かずにはいられない。あれほど嫉妬や不満でいっぱいなのに、それでも彼らは団体としてまとまり、ともに練習をこなし、チームとして大会に出場する。これは、言うほど簡単なことではないはずだ。彼らはいわゆる「きずな」と表現される類の精神的な「なにか」で結ばれているのだ、というのは答えになってないし、長い時間ともに過ごしたからおたがいを信頼しているのだ、というのも違和がある。それぞれが思い描く将来も異なる。それにもかかわらず、彼らはここで一緒に生きている。自転車競技選手の育成を目指す団体はなにもここだけではないし、おたがいの生活を成り立たせるために若者たちが形成する集団は、自転車競技以外にも無数に存在するというのに。

5　背中をあずけて

そんな一見不思議な彼らとかかわっていくなかで、彼らが生きている世界に内側から触れられたように感じた印象的なエピソードがある。早朝の練習から自転車の整備、そして顧客への対応まで、すべて終わってようやく自分の時間が訪れるのは、夕方六時前後。みんなが決まって過ごす場所がある。合宿所の出入り口から村を眺めると、家路につく人、夕飯の食材の買い出しに商店を訪れる人、ヤギのソーセージを焼いている屋台で団欒する人などが目に付く。そんな人びとの何気ない日常を視界に収めながら、彼らは合宿所の出入り口にたむろする。これが彼らにとっての、一日の終わりの過ごし方なのだろう。なにも考えずにぼけっとするには、最適な場所かもしれない。

この時間帯は、わたしにとってチャンスである。なぜなら、彼らが休んでいるタイミングを見計らって、合宿所のまわりに住んでいる人びとに、村の歴史や行事について話を聞きに行けるからだ。重い腰をあげて、がんばらねば！　そんな初めのころの威勢も長くは続かず、ほぼ毎日繰り返される練習に次第に疲労も溜まってきて、ある日わたしは、彼らと一緒にここで休むことにした。いや、休まざるを得なかった。

彼らがそうしているように、わたしも合宿所の出入り口の壁にもたれかかって、村を眺める。空には、くっきりと、鮮やかながらも重い緞帳のような夕焼けが降りていく。彼らにとってそんなことはどうでもよさそうで、各自スマホをいじっては、ときおり友人の小ネタを交換し盛り上がっている。あぁ、気持ちがいい。練習で疲れた体がじんわりと温められていく。というのも、石でできたこの外壁は、日中これでもかと直射日光を浴びている。それでこんなに温かいのだ。しかしここは標高約二〇〇〇メートル。もうすぐダウンジャケットが必要になる高原の夜がやってくる。背中の熱が徐々に冷えていくのを感じながら、彼らがここにいる理由が、なんとなくわかった気がした。起きて、走って、疲れて、休んで、温かくて、寒くて、寝て。果てのない、その繰り返しに絡みとられていく。

いま振り返ってみると、彼らがわたしに口を開いてくれる、彼らの思いを語ってくれるのは、たいてい決まってこの場所で、同じように壁に背中をあずけて、村を見渡しているときであった。思えば、自転車で走っているときも、疲れて休んでいるときも、ほとんどわたしは彼らと対面的

練習の合間，大地を眺めながらの一息

にかかわったことがない。彼らとて、そうだ。喧嘩しているとき、気に食わないことがあるとき、彼らは当の本人と積極的に向き合おうとはしない。一定の距離を置きながら、日常のルーティンを変わらずこなしていく。並んで走る練習も、壁に背中をあずけての会話も、積極的に向き合わない解消方法も、対話的ではなく、「並話的」とでも言えようか。彼らは目の前の人と向き合うことでその存在を「理解」しようとするよりも、隣の人と「並んでいること」でその存在を「了解」しているようであった。このような「身がまえ」が、彼らがここで一緒に生きることを許しているのかもしれない。

6 「わかる」への道筋

「わたしが彼らの走るペースについていけるようになったか」といったら、いまだに練習では置いていかれることもある。「彼らがやっていることを彼らと同じようにできるまで徹底的にやってみること」を掲げた調査であるが、目標にはいまだほど遠い。しかし、わたしが彼らと同じことができるようなることと、彼らのことを理解できるようになることのあいだには、はたしてどれほど関係があるのだろうか。

先日も、こういうことがあった。ある大会に出場したときのこと、わたしは開始早々に現れた急坂で先頭集団から千切れてしまい、切れたトカゲの尻尾のごとく集団の後方でゴールすることになった。なんともふがいない。表彰式のあと、団体Sが宿泊しているホテルの部屋へ戻ろうと、わたしは団体Sの数人とバスターミナル近くに構える雑居ビルの階段をのぼり始めた。そのとき、階段を先頭でのぼる選手が、「ガイ！」と突然、顔をしかめながら大声をあげた。これは、英語でいうところの「オーマイガーッ！」にあたる。すると、その声を待っていたかのように、わたしを含め、みんながそれぞれの顔を見合って苦笑いをしてしまった。階段をのぼろうとすることによって、脚に溜まった疲労がその場に痛みとともに顕在化したのである。その身体感覚はその人だけのものでもなく、わたしだけのものでもなかった。

わたしが彼らのことを「わかった」と感じたのは、彼らに関するメモ書きが増えたときでも、彼らの言葉を完璧に操れた瞬間でも、彼らと同じことが同じようにできるようになった瞬間でもない。むしろ、彼らと並んで脚を回し続けていくなかで現れる、身体が疲れて言うことを聞かない、そうするほかなにもできない、そんな「どうしようもない身体」の存在をいやおうなく享受してしまうときにおいてだった。空腹からバナナや食パンをむさぼり食ってしまうとき、壁の温かさに背中をあずけてしまうとき、脚の疲れに襲われ身体が思い通りに動かないとき。心が通じ合っているというのとも、身体が通じ合っているというのとも少し違う気がする。まわりの環境（食・壁・階段）を接点として、隣にいる人の「身がまえ」とわたし自身の「身がまえ」が通じ合っている、というのが近いだろうか。

人間や異文化を理解するうえで近道などない。しかし、なにも目の前の人と長い時間をかけて向き合うことだけが、なにも彼らと同じことができるようになることだけが、「わかる」への道とは限らない。

彼らにとって、自転車競技は、「いま－ここ」にまぎれもなく実存する疲れて言うことを聞かない身体と、その身体を支えるまわりの環境の存在をおたがいに気づかせてくれる、そういう機会なのかもしれない。彼らはそんな「どうしようもない」身体を抱えながら、今日も並んで走っている。

痛みが開く、わたしが開く

考えるべきか、感じるべきか、フィールドワークではそれが問題だ

［日本］
萩原卓也

1　痛い痛いも好きのうち？

「痛いのが商売です」

わたしにとって印象的な言葉だった。これは、わたしが女子プロレスラーにインタビューしたときに、レスラーがわたしに語ってくれた言葉である。プロレスって痛そう。実際に試合を観戦したことがない人でも、プロレスに関心がない人でも、そのようなイメージをもっている人は多いのではないだろうか。また、「なんであんなことをやっているんだろう」と、疑問に思ったこともあるはずだ。

なにを隠そう、わたしはプロレスが苦手だった。正確には、人びとがプロレスのどこに魅了されているのか、いまいちわからなかった。わたしのまわりでプロレスに熱中していた人は少なからずいたし、メディアでも男女問わずレスラーの露出は高いことから、プロレスが人気であるこ

とはわかっていた。それでも、自分とはまったく関係のない世界だとずっと思っていた。なにかいかがわしいような、なにか中途半端なような。そんなわたしの考えを疑うきっかけに出会うことなく、いや、出会っても気づくことなく、わたしは人類学と格闘する大学院生になっていた。

「女子プロレスがおもしろいんじゃないの？」と薦めてきたのは、指導教員である。スポーツ選手の身体感覚と、そこで形作られる共同性に興味関心があったわたしは、半分騙されて女子プロレスについて修士論文を書くことにした。たしかに、プロレスほど不必要なまでに体を酷使し、肉体全体を使った激しいパフォーマンスが求められる競技もそうないだろう。ましてや女子ともなれば。

冒頭のレスラーの言葉には、「痛いことの辛さや大変さ」「痛いにもかかわらず闘い続けている誇り」を読み取ることができるだろう。しかし、どうやらそれだけではなさそうだ。というのも、こう語ったレスラーの表情が、とても生き生きと、楽しそうだったのだ。わたしは、のちに自分の肉体をもって知ることになる。「痛いのが商売です」この言葉は、わたしが想像していた以上の世界を照射しているのだということを。

人類学におけるフィールドワークの醍醐味のひとつに、予期せぬ世界との出会いがあげられよう。そして、それは多くの場合、自分自身が慣れ親しんだ世界に対する感じ方を、ときに否応なしに変化させていく。わたしにおいて、それは痛みをめぐる世界に対する変容だった。

2 体育館に響く重く気持ちいい音

わたしがはじめて実物の女子プロレスラーと出会ったのは、ある地方都市の体育館においてだった。客席を見回すと、本当にこれからプロレスが始まるのかと不安になるくらい、お年寄りから子どもまで、年齢層が幅広い。わたしが予想していた客席とまったく違う。広い体育館の半分のスペースを使って作られたリングと客席。まわりには、横断幕が垂れ下がる。やがて試合が始まる。実際に目で、耳で、鼻で、体で感じるプロレスは、想像していたものとまったく違った。おもしろい。「オラー！」という掛け声とともに体が叩き落とされては、重い音が体育館に響く。コーナーポストから華麗に空中を舞う大技が繰り出される。そうかと思えば、コミカルな動きで観客の笑いをとる。お世辞にも、大歓声が飛び交うほどの客入りではなかったが、間違いなく大賑わいではあった。

そこには、お年寄りから子どもまでを、驚かせたり、笑わせたり、悲鳴を上げさせたり、はたまた感動させたりするレスラーの姿があった。ここまで幅広い年齢層を相手に、細かいルールや選手の予備知識なしに楽しませることができるものは、スポーツにしろ、芸能にしろ、珍しいのではなかろうか。すっかり引き込まれてしまったわたしは、本格的に調査を開始することに決めた。肉体と肉体がぶつかり合う。なにかすごいことが目の前で起きていることは確かだ。どうしてこんなことが可能なのか。対戦相手の技を受けながら、すなわち、相手の存在を引き立てながら、かつ自分自身の存在も際立たせる。対戦相手とともに試合の空間を創り上げ、観客を盛り上げていく。相手をただ倒すためだけに本気で闘うより、難しいことをしているように思えてならなかった。

3　必ず最後に基礎は勝つ

さて、どう調査したらいいものか。女子レスラーと一緒にフィールドワーク？　それは無理だろう……。とりあえず、大会に足を運んでみるしかない。わたしは大学院生であること、修士論文のために調査をしていることを伝え、大会の前後にレスラーにインタビューをする機会を得た。レスラーは職業柄とても話上手で、引き出しも多い。しかし、プロレス初心者のわたしが考える質問では、彼女たちの本音に到底たどり着けない。定式化されたような回答が目立った。

そんななか、わたしはある言葉にとらわれる。「対戦相手と信頼関係を結ぶものだと思うんですよ、プロレスって」と、あるベテラン・レスラーは語る。信頼関係とは、言うは易く行うは難し。たしかに、レスラーどうしに信頼関係がなければ、ともに試合を創り上げていくことは不可能だろう。問題は、「いかにその信頼関係なるものが築き上げられているのか」である。試合内容をとことんメモしてみたり、レスラー企画のイベントに参加してみたり、ファンのつどいに顔を出してみたり、いろいろ試みるものの、突破口は見当たらない。そんなことを愚直に繰り返しているうちに、とてもありがたいことに、ある団体の練習現場を見せてもらえることになった。

ある夏の日、指示された場所に辿り着くと、そこは倉庫のような外観をしていた。冷房設備はあるようだが、使っていない。窓やシャッターは全開にしてあるが、それでも蒸発してしまうほど暑かった。年季の入った、数々のレスラーの汗が染み込んでいると思われるリングマットが、猛暑のなかむせるほどの悪臭を放っている……、かと思いきや、それほどではなかったと記憶している。

練習の流れはこうだ。リングのロープを張り直すなど、練習できる環境を整えたあと、準備体操、ランニング、縄跳びを経て、筋トレに移る。その後、少しの休憩をはさみ、リングの上で回転運動や受け身の練習が始まる。そして次は、ロープワークの練習だ。ここまでが、いわば選手にとっての基礎的な練習である。つづいて、関節技の練習や実践的なスパーリングに移る。

大技の練習をもっとやるものだと勝手に想像していたが、まず第一に、基礎体力をつけることが重要であるという。これは、試合中のスタミナをつけることに直結するうえに、筋肉をしっかり鍛え上げることで、怪我の予防にもなるそうだ。基礎体力をつける練習は「基礎体」と呼ばれ、腕立て伏せ、腹筋、背筋を代表に、仰向けに寝た人の腹部に飛び乗る腹筋トレーニングや、人間を肩車したまま行うスクワットなどが含まれる。これらは、二人一組で実施されることが多い。

このように、練習内容をメモしたり、練習中の会話に耳を澄ませてみたりしたものの、彼女たちの言う信頼関係がどのように構築されているのかは、よくわからなかった。通い始めてしばらくたったある日、変わらず練習場の片隅でノートをとるわたしに、「ジャージ持ってきてないんですか？　実際にやってみないと、なにもわからないですよ、プロレスは」と、ある選手が唐突に声をかけてきた。やってみないと？　ご冗談を。いや、このレスラーは本気だった。いったいなにをやらされるのかわからないまま、次回、ジャージ姿で現地に向かった。

4　結んで開いて、腹に乗って、結んで

練習に参加といっても、そもそも格闘技を経験したことのないわたしは、ほぼなにもできない。そこで、通常では考えられない回数の筋トレや、受け身の練習を徹底的にやってみた、というか、課せられた。体は痛いし、あざや擦り傷が体に刻まれていくし、首がロボットのようになるし、猫背は注意されるし、気持ち悪くはなるし、それはもう大変だった。わたしは小学生のとき、片道四キロメートルの山道を歩いて通学していたこともあり、体力だけには自信があるつもりだったのだが……。練習後は、いかにも体に悪そうな緑色の炭酸ジュースを帰り道に買うのが日課になっていた。体に悪そうなもののほうが、体に刺激とご褒美を与えてくれるような気分になるのはなぜだろう。

死ぬかと思った、という表現は、こういうときに使うのが適切かもしれない。先述したように、

多くの「基礎体」はペアで行われる。ここで、仰向けに寝転んだ人の腹部に、もう一人の人が両足を揃えて「ピョン」と飛び乗り、そして降りるのを繰り返すというトレーニングに注目したい。わたしもある日、このいかにも漫画の一コマに出てきそうなトレーニングに挑戦することになった。あるレスラーは相手に乗られるたびに「ウッ」と苦しそうな声をあげていたが、「あの細いレスラーもできているし、たぶん自分もできるだろう」と、わたしはこのメニューを少し甘くみていた。

しかし、どうだろう。いざ、上を向いて寝転がる。すぐ横には、これからわたしに飛び乗るレスラーがいる。なんとも表現しがたい「圧」が伝わってくる。緊張が走る。レスラーがわたしの腹部に飛び乗る。内臓が本当に押しつぶされてしまいそうな、重い衝撃が走る。通常、十回を一セットとして二から三セット繰り返すのであるが、わたしはこの一回でギブアップだった。まわりのレスラーたちはそんなわたしを見て笑っていたが、あれは未知の痛みであった。

その次の回の練習でも、同じメニューが実施された。今度は、なんとなく痛みを予測できていたからであろうか、わたしはこのトレーニングに不思議と五回耐えることができた。そして今度は、交代して、わたしがレスラーの腹部に飛び乗る番である。この回の練習で驚いたことは、この腹部に乗られるというトレーニングをやる前と後では、わたしが今度レスラーに飛び乗る番になったときの、わたしの感覚がまったく違うことである。腹部のどのあたりに、どのように飛び乗れば、どのような痛みが生じるのか。それが、リアリティをもって、手に取るようにわかる気がした。さらに、不思議なことに、たしかにわたしが飛び乗っている番なのであるが、飛び乗ると同時に自分も飛び乗られているような、乗っている自分にも痛みが走っているような感覚にも襲われた。それは果たして、相手の痛みなのか、自分の痛みなのか、はたまた二人の痛みなのか、あいまいである。また、たしかに自分で意識的に「このあたりに飛び乗ろう」と動いているつもりではあるのだが、果たして本当に自分がそうしているのか、寝転んでいる相手にそうするように誘われているのか、そうせざるをえないのか、よくわからない。肉体が開かされるような、まるで痛みを介して肉体が結ばれているような、そんな体験だった。

もし、わたしが腹筋に飛び乗ってもらった経験がないまま、レスラーの腹筋に飛び乗らなければならなかったとしたら、どうだろう。わたしが飛び乗ることによってそのレスラーが感じる身体感覚など、ただ漠然と想像することしかできなかったのではないだろうか。

5　痛みを受けて、与えて

痛みとは、なんとも不思議な感覚である。あの技はどれくらい痛いのか、技を受けた人はどのくらい痛いのか。それは、けっきょくのところ痛い本人にしかわからない。痛みの伝わらなさゆえに、実際に自分の体でその痛みを体験することでしか、その痛みには近づけない。

腹筋に飛び乗るトレーニングにおいて、二つのことに着目したい。一つ目は、初めて腹部に乗

リング，ここにさまざまな痛みが刻まれている

られたときより、二回目のときのほうが生じるであろう痛みを予測できたためか、それとも受け方の準備ができていたためか、初めてのときより多くの回数を耐えられたこと。二つ目は、今度わたしが乗る番になったときに、自分が受けた痛みの感覚から、自分が同様の行為をした際に相手に生じるであろう痛みをわかる気がしたこと、である。したがって、このトレーニングをとおして、受け手に対し痛みを与えても大丈夫な部位や、受け手への飛び乗り方が定まっていく。これにより、相手に怪我をさせないと同時に、躊躇なく思いっきり相手に技をかけることも可能になる。

レスラーたちは日々この種の鍛錬を反復している。もちろん、腹部だけにとどまらず、体中のありとあらゆる部分で、痛みを与え、そして受けることを繰り返す。レスラーには個体差もあるし、闘いのスタイルも千差万別である。同じ動きをしたからといって、同じような痛みが生じるとは限らない。そこでレスラーは、それぞれに格闘スタイルの異なるさまざまな体格のレスラーと、痛みを介して関係を結んでいく。まるで、多種多様な「痛み」を体の中に住まわせていくように。レスラーの試合数と選手としての成熟度は比例するというが、試合数をこなしてより多くのレスラーとこの痛みを介した関係を結んだ人がベテランと呼ばれるのも、納得がいく。

まさに、痛みを与える、痛みを受けるというこの痛みをめぐる経験が、彼女たちの信頼関係の土台になっているようだ。彼女たちにとって、おそらく痛みは痛みであると同時に、わたしたちが思い描くところの「痛み」ではない。

6　感覚のものさし

彼女たちに話を聞いていると、もともと人付き合いは苦手だったが、練習や試合で肉体をぶつけ合っていくなかで、「人間が大好きになった」「喜怒哀楽の感情が深くなった」という声がしばしば聴こえてきた。まるで、痛みが彼女たちのコミュニケーションを助けているかのようである。先に述べたように、腹部に飛び乗るトレーニングにおいて、たしかにわたし自身も、この痛みが誰のものなのかわからなくなるような感覚や、肉体が開かされるような、肉体が結ばれているような感覚に襲われていた。

地方巡業，プロレスはみんなのものだ

一般的に、痛みという感覚は、心地良い感覚と対極にあると考えられていると言って差し支えないだろう。とくに体を動かすスポーツの分野においては、一体感や高揚感といった、どちらかというと楽しい感覚によって、仲間ができたり、健康になったり、創造性が育まれたりするという側面が強調される傾向にある。しかし、そもそも、感覚に快も不快もあるのだろうか。そもそも、わたしが腹部に飛び乗られて感じた感覚は、果たして痛みなのだろうか。

知らず知らずのうちに、わたしたちはすぐ頭で経験したくなってしまう。この感覚は危ないのか、安全なのか、辛いのか、楽しいのか、まずいのか、おいしいのか、つい分別したくなってしまう。それはときに生物として危険を察知するために重要だろうし、日常生活を不自由なく営むうえで便利でもある。しかし、それは、わたしが「いま―ここ」「いまーそこ」で感じていることをどれだけすくい取ることができているのだろうか。なにかを感じることとはイコール、感情を整理することではないだろう。喜怒哀楽というけれど、五感というけれど、人間の感じる力は、簡単に分別することが果たしてできるのだろうか。ゴミの分別さえ迷うことがあるというのに。こういった分類だって、誰かが考えた一つのものさしにすぎない。

信頼と依存は紙一重だ。しかし、彼女たちの信頼関係は、決して馴れ合いではない。対戦相手の技を受けたうえで、「お前よりすごいの打ってやる!」とレスラーは目を輝かせながら言う。痛みには人と人を結ぶ力もあれば、一種の怖さもある。痛みに耐えられない人の行き場がない点で排他的であるし、痛みを実際に体験しなければわからない点で閉鎖的でもあるからだ。そこにはつねに緊張感が漂う。だからこそ、痛みという感覚は、くっつきすぎず、離れすぎない、この微妙なバランスを可能にしているのだ、とも言えるかもしれない。

「痛いのが商売です」

彼女たちの生き生きとした表情が照射する世界の一端を、いまならわたしも感じとることができる気がするのである。

フィールドの常識は非常識？——異文化と身体接触

［イギリス］

河西瑛里子

異文化にどっぷりつかるフィールドワーク。「文化が違うなぁ」の感嘆を通り越して、文化相対主義の原則も放り出して、嫌悪感を抱いてしまう習慣にも、ときに遭遇する。

1　修士課程にいた頃

「久しぶり！　元気にしてた？」

ガバッ！　返事をする間もなく、リンダ（仮名）は私の身体を、両腕でしっかり包み込む。

はぁ……。(><)たぶん私の顔は、こんな顔文字の表情をしている。

あ、そうだ、ハグしないと。そう思って、腕を動かしかけると……。

チュッ、チュッ、チュッ。

私の背に合わせてかがみこんだ彼女は、右、左、右と頬にすばやくキス。そして、さっと離れる。

ハグの嵐、そしてときには三回のキス。

町のメインストリートでも時々見かける、この一連の儀式は、フィールドワークの初期、唯一といっていいぐらい、苦手だった習慣だ（観察した限り、ハグとキスは女性同士だけではなく、女性と男性の間でも行われている。ただし、男性同士でキスをする場面を見ることは稀だった）。

私が調査をしていたのは、イギリス南西部サマーセット州のグラストンベリーという、人口一万人弱の田舎町だ。春になると柔らかな日差しが野原の緑をキラキラと輝かせ、秋にはリンゴやブラックベリーがそこかしこに実をつける。鉄道はだいぶ昔に廃止され、農業も皮革産業も衰退した。しかし、若き日のイエス・キリストが訪れた、伝説の英雄アーサー王が復活の時を待っているアヴァロン島だ、といった伝説の地で、その名は神秘的なイメージをもって語られる。おかげで最近では、ヨガやタロット、魔術や代替セラピーに関心がある人々を魅きつけている。中心部にはそんなグッズを取り扱う店が立ち並び、住人や旅行者を相手に、日々ワークショップや瞑想会も開かれている。町でこのような産業が盛んになったのは一九八〇年代。工場の海外移転により、一時はにぎわっていた皮革産業が斜陽化。景気が悪化して、空き店舗が目立っていた中心部で、スピリチュアリティに関心をもつ移住者が商売を始め、ワークショップも増えていった。

さて、入学した頃、ある先輩からフィールド選びには、その土地の気候との相性が大切だと聞かされた。うだるような暑さが、どうしても苦手な私にとって、夏でも三〇度を超えることが稀なイギリスは合っていた。日本とインフラや所得の水準が同じようなこともあり、文化人類学者の間では、「まずい！」と評判の食事以外は、さほどハードなフィールドとは思われていないはずだし、私もそう思う（ただし、食べ物も結構おいしい！）。

それだけに、身体を密着させて行う、この挨拶は落とし穴だった。

そもそも私は、他者に触られることがすごく苦手だった。皮膚に触れたところからほとばしるビリッとした感触……。それが自分の体の中を駆け巡るような感覚が、自分の内部をぐちゃぐちゃにされるような気がして嫌いだった。食事で汚した口の周りを拭いてもらうことも、遠足やフォークダンスで隣の人と手をつなぐことも、嫌でたまらなかったし、「ねぇねぇ」と友達から肩をぽんとたたかれて、飛びのいてしまったこともある。

それなりの理由があって触れられるだけで、こうなのだから、挨拶としてハグだのキスだのされてはたまらない。しかし、それは調査地の人々の習慣で、彼らは私に親しみを感じてくれているのだから、そうしているわけであり、拒否していては、良好な関係を結べない。調査者としては失格だ。この頃は、頭の中でこう理解して、消極的に彼らの習慣を受け入れようとしていた。

2　博士論文を書こうとしていた頃

「力がこもってない！　ちゃんとしたハグのやり方を教えてあげる」

あるとき、私に「ハグのレッスン」をしてくれたのは、グラストンベリーで女神運動を始めたキャシー・ジョーンズだ。二〇〇八年の日差しがまぶしい夏の日、ご自宅でのインタビューを終え、玄関でお暇の挨拶をしたときのことだ。体に腕を回されたので、私もその腰に腕を回して、おそるおそる抱きしめる。そんな私に彼女はこう言って、全身をぎゅーーーーーっと、羽交い絞めかと思うほど、強く締め付けた。思わず「痛い！」と叫ぶと、放してくれたが、「これぐらいはしないと！」と優しく笑っていた。

それから一年ほど経ち、再び調査のために滞在していたある日、通りで出会った友人から意外なことを教えられる。

いつもの恒例で、ハグとキス。

「日本では、あまりこういうことしないんだよね？　お辞儀と握手なんでしょ」

「そうだね、やってたら、ちょっと変な人かも……」

「イギリスでも、普通はしないよ。イタリアとかスペインみたいな南ヨーロッパではしているけど。グラストンベリーの人だけだよ」

これについては、確かに聞いたことがあった。しかしグラストンベリー以外のイギリスをほとんど知らなかった私は、時代が変わり、習慣も変わったのだろうと思い込んでいた。

「そういえば、ロンドンではあんまり見ない」

（しかめっ面をしながら）「こんな顔で握手をする。これがイギリス人の挨拶。だから、自分もだ

女神カンファレンス（p.230参照）でハグをする人たち①

けど、本当はハグとかキスとか、そんなに好きじゃない人も結構いる。嫌だったら、はっきり断っていいんだよ」

グラストンベリーにハグやキスという挨拶を持ちこんだのは、一九七〇年頃にやってきたヒッピーだというのが、町をよく知る人たちの定説だ。

一九六〇年代後半、ベトナム戦争への反対運動から、アメリカ西海岸で興ったヒッピー運動は、LOVE & PEACEを合言葉とし、資本主義やキリスト教など既存の社会体制に反発する若者たちを中心に、北米や西欧、日本にも広がった。大麻やLSDを使用して覚醒を試みたり、文明から逃れ、自由な生き方を目指して、自然回帰やフリーセックスを提唱したり。この動きは、一九七〇年代半ばには廃れていくが、現在でも音楽やファッションのシーンに影響を残している。

グラストンベリーに初めてヒッピーがやってき

たのは、一九六七年の夏である。キリスト来訪伝説に関する新聞記事に影響された、貴族の娘も含む五人の彼らの中に麻薬を使って逮捕された者がいた。この事件が広く報道されたことで町の存在が知られ、その後数年間にわたって、イギリスだけでなく、北米からもヒッピーが押し寄せることになった。なお、ヒッピーの「襲来」には、一九七〇年と一九七一年に近郊の村ピルトンで開かれ、グラストンベリーの名を世界に広めた、野外ロック・フェスティヴァルも影響を与えたとされる。

反体制的なヒッピーは、イギリスに伝統的な握手の挨拶は堅苦しいと考え、もっとカジュアルに親しさを表すハグやキスを好んだというのである。現在、町でスピリチュアルな事柄に関心をもつ人々の全てが、元ヒッピーではないが、思想的には共通点も少なくない。逆に言うと、彼らと無関係の住人がすることは稀で、従来通り、握手を交わす。

さて、イギリスの本来の習慣ではない、好まない人もいると言われ、私がほっとしてやめたかというと、そうではなかった。調査を通してハグをする機会に何度も遭遇し、「ハグのレッスン」まで受けた私は「抱きしめられる」という感覚を受け入れ始めていた。いつの間にか、あれほど嫌いだった、触られる感覚も気にならなくなっていた。

それだけではなく、この頃には自分からも間髪入れず、相手に腕を回せるようになっていたし、通りで会った友達に思わず飛びついてしまうこともあった。グラストンベリー以外の町に行ったときには、いつもハグするタイミングで何もないと拍子抜けしてしまったし、相手に飛びつかな

女神カンファレンスでハグをする人たち②

いように自制することもあった。そんな話をすると、町を知る人々はきまって「グラストンベリーは特殊だからねぇ」と笑ってハグしてくれた。

3　その後、日本にて

「FREE HUGS」（ハグ無料）

こうマジックで書かれた段ボール紙を首にぶら下げた人を見かけたのは、ある日の大学からの帰り道、四条河原町辺りだったと思う。日は暮れているもの、ネオンと雑踏でにぎわう京都の繁華街に、二十歳前後の男子大学生がぽつんと立っていた。

フリーハグというのは、二〇〇一年頃にアメリカで始まった、街頭で見知らぬ人たちと抱擁を交わす運動だ。ハグを通して、人の愛を伝えよう、小さな幸せを感じようということが目的だったらしい。

さて、グラストンベリーでハグ好きになった私が、この人に飛びつきたい衝動に駆られたかと言えば、そうはならなかった。自制したというより、そんな気分にならなかった。

いうまでもないが、ロンドンだけではなく、日本でも挨拶をするときに、一般的にハグはしない。不思議なことに、ハグをする文化がないところではしたいと思わない。

なぜだろう。

他者と関わるとき、相手との間に連帯感のようなものを感じることがある。必ずしも心地よい感覚ではないかもしれないが、私たちが生きている社会というのは、こうした連帯感、もしくは共同性の積み重ねだ、とされることがある。この同じ空間に共にあるという感覚は、互いの魂の触れ合いから生まれると言う人もいる。魂の存在については意見が分かれるだろうが、共にある感覚が自分の身体と相手の身体の間に生じるというのはわかりやすいと思う。

身体接触の「常識」は、社会によって異なる。たとえば、日本国内でも地域によって、適切と感じる他者との距離感は違うとされる。今回取り上げたハグとキスに関していえば、社会によって異なるだけではなく、同じ社会の中でも、相手、相手の意図、シチュエーションなどに応じて、その意味合いは変化する。相手にとって「非常識」な行動をとれば冷たいと思われたり、場合によってはセクハラとみなされたりする。その社会の「常識」を知っていれば、自分も不愉快な思いをせずに済む。つまり、その社会の「常識」を受け入れることで、身体も自然とその文化に順応していくといえる。そのため、身体もその場所に応じて、対応を変えていると考えることもできる。

さらにいうと、身体接触の「常識」が多様であるという事実は、身体を通した共同性のあり方も多様であることを意味している。それぞれの社会がもつ文化が異なるから、身体接触の「常識」が異なっているといえるが、逆に、身体の関わり方の違いが共同性の様々なあり方を生みだし、そこから文化の多様性が生まれているとも考えられよう。

あれほど嫌いだったハグは、グラストンベリーでは自分からもできるようになったが、未だに自分から相手の頬にキスをすることは難しい。できたとしてもなんとなくぎこちない。そもそも大抵の相手は、性別を問わず、私より背が高いので、タイミングを逃して、相手が離れてしまうと、背が届かないのだ。キャシー・ジョーンズみたいに、いつか誰かが「ちゃんとしたキスのやり方」を教えてくれたら、スマートにできるようになるかもしれない。

フィールドでの関わり、立体化する政治

ダラムサラに暮らすチベット難民たちとの暮らしを通して

［インド］

山本達也

1　平板な政治から奥行きのある政治へ

「チベットに完全なる自由を！」

毎年三月一〇日になると、北インドの街ダラムサラにはこのシュプレヒコールが響き渡り、チベット国旗が風にはためく。一九五九年三月一〇日、ラサで中国軍の侵略に対して立ち上がった民衆たちの英雄的な行為を印づけるこの日は、チベット難民社会の重要なイベント「民族蜂起記念日」である。テンプル・ロードを下った先にあるナムギャル僧院では朝から式典が催され、街はシュプレヒコールをあげるチベット難民の人々と、その姿を捉えようとする各国のマスコミ、観光客の姿で賑わう。「リトル・ラサ」とも呼ばれるダラムサラは、この日、政治の色で満たされる。

参加者が拡声器で叫ぶシュプレヒコールの圧倒的な声量や熱量は想像以上のものであったとは

いえ、三月一〇日に目にした以上の光景には、既視感があった。それは、端的に言えば「メディアが伝えるチベット難民の状況」であり、ゆえに、初めて「民族蜂起の日」に立ち会った二〇〇三年三月一〇日の光景は、ダラムサラに来る前から私がぼんやりと「知っていた」ものであった。そこで聞き取られるのは、当時中国軍に勇敢に立ち向かった同胞たちの死への哀悼と、現在もチベットで続く種々の不正に対する告発であり、それは、チベット難民として暮らす人々が難民にならなければならなかったそもそもの原因に対する告発である。その重苦しいメッセージは、そこに立ち会った人、あるいはメディアを通じて知った人に何ほどかの衝撃をもたらすだろう。私がチベット難民の人類学的研究を志し、ダラムサラを調査地としたのも、元はと言えばメディアを通してチベット難民の置かれた状況を知り、彼らに対して何がしかの貢献をしたい、と感じたからである。だからこそ、眼前で展開される光景は、「知っていた」ものと感じられた。そして、「知っていた」光景を目の前にした私は、当時、おぼろげながら考えていた「チベット難民を取り巻く政治的状況を、人類学的な手法を通じて、日本に暮らす人々に伝える」という目標を達成するという使命感に燃えていたように思う。私が Tibetan Institute of Performing Arts（以下、ＴＩＰＡ）という中央チベット政府傘下の芸能集団を調査対象として選んだのは、チベットからインドに亡命した人たちが持ち込んだ「真のチベット文化」をこの芸能集団が保護し、また芸能を通じて政治的なメッセージを世界に発信している点に着目したからであり、この組織は上述の目標を達成する上で格好の対象として私には映っていた。つまり、私の初期の調査は、「知っていた」

「民族蜂起記念日」にナムギャル僧院前でごった返す人々

を拡張する方向に最初から向かっていたのであった。

ところで、調査開始当初、私はチベット語をろくに話すことができなかったため、調査の過程はチベット語を学ぶ過程と連動することとなった。TIPAの研究生となり寮に住むことのできた私は、ホスト・ファミリーのバイ父さんとチミ母さん、ヤンゾム姉さん、ツェリン爺さん、ツァムチュ婆さんと過ごす時間を主としながら、同年代の友人たちのおかげで少しずつだがチベット語を話せるようになっていった。七カ月にわたる調査を終える頃には、片言ではあれ自分の聞きたいことを聞き出せる程度には喋れるようにはなっており、ダラムサラを離れる前には、当初の目的を達成したと思える

程度のデータを集めることができた。しかしながら、今思えば、私の学んだものはあくまでうわべに過ぎず、それと同時に、役割以上の関係性を彼らと作ることができていなかったと断言できる。それは、インタビューに頼った調査手法で「こちらが聞きたいことを聞く」という態度を崩すことができなかったことに尽きる。そして、私の「聞きたいこと」は演者たちの政治的役割についてであり、中央チベット政府の職員である彼らは、政治色が強い質問に対しては、一定程度形式化された答えを語ることになる。結果として、私が書いた修士論文は、上述の政治における彼らの役割にばかり着目したものとなり、知っていたことへの少しの付け足し以上のものにはならなかった。そこで私が見ていた政治は、随分と平板なものであった。

　しかしながら、私がダラムサラに暮らし、ＴＩＰＡの人たちと関わることのできた約二年半の月日は、当初想定していたのとは違う方向へと私を導き、調査手法としてのインタビューや「こちらが聞きたいことを聞く」という態度を放棄させる過程でもあった。思いがけないことから私はＴＩＰＡの演者たちに教える側の立場になったのだが、そこで、私は彼らからチベット語を学び、彼らは私から技術や考え方を学ぶといういわば互酬的な関係に入り、結果、彼らと共に過ごす時間が圧倒的に増加した。日常的なやり取りはもちろんのこと、インドツアーに行った際のうだるような暑さの列車内で過ごした数日間や、先方から提供された宿泊施設（＝使われなくなった結核患者隔離施設）で雑魚寝した日々、また、二週間缶詰になってＣＤをレコーディングした日々など、私が演者たちと過ごした時間は、最初の長期調査のそれとは比較にならないほど長く濃密なものとなった。こうした中で、インタビュー以外の状況で私は彼らの「話を聞く」と同時に「自らについて話す」ようになり、彼らも同様にこちらの話を聞き、役割ではなく彼ら自身について話すようになった。その過程で出てきたチベットや自身の処遇をめぐる政治の話や政治に対する想いは、以前の長期調査時に私が聞いていた回答とは大きく異なった、よりニュアンスを伴ったものであった。演者の中にはチベットで生まれて亡命してきた人もいればインドやネパールで生まれ育った人もいて、チベットに帰りたい人、見たこともないチベットに対する思い入れよりも生まれ育ったインドやネパールに対する愛着の方が強く、チベットへの帰還という政治的目標に対してうまく感情移入できない人もいる。もちろん、初期の調査でも「政治に興味はない」というチベット難民には幾度となく出会っていたので、様々な意見があること自体は驚くべきことではなかった。しかしながら、政治に積極的に関わるべきとされる政府職員としての役割と、自分の来歴から生じる意見とのズレと向き合いながら生きる演者たちの姿に気づいた時、チベット難民社会で生きられている政治の一端を私は初めて垣間見たと言えるかもしれない。それ以降、「知っていた」政治の筋を拡張していく修士論文時代の平板な視点から、「知っていた」政治の筋を背景として不可避に共有する一方で、それから様々な方向に揺れ動く奥行きのある政治の姿を私は追うようになっていったのである。

2　模倣を通したパースペクティヴの受肉

以上の記述は、フィールドワークを通じて形成された人類学者としての私を描いた「ビルドゥングス・ロマン」だと言えるかもしれないが、以下では個別的な領域に属すこれまでの記述をもう少し違う角度から見ることで、普遍的領域に拡張してみたい。

その歴史上、強調の度合いは大なり小なり異なりつつも、人類学にとって、フィールドワークという過程・手法はその核心をなすものであった。現地で人々とともに一定期間暮らすその過程は、人類学者が様々なことを知る場である。ここで私が考えたいのは、この過程で人類学者が「知る」、というその点である。上述のように、私は調査と並行して言葉を学んできたのだが、これは多くの人類学者が経験していることだろう。フィールドワーク中に言葉を学ぶということは、特定の事象や状態を切り取る言葉を知ることと不可分である。そして、それこそが現地でのものの見方の一端を理解する、ということになるのだろう。

しかし、ここでの「知る」は、果たして情報として事象を把握し理解する能動的な実践にとどまるのだろうか。私がここで注目したいのが、特定の事象を表現する言葉を「知る」に至る文脈や状況、その言葉を取り巻く他の文章、それを表現する際の人々の身振りの重要性である。思い返せば、ある言葉を具体的な状況で私が知り理解するためには、それを教えてくれる人々の存在が不可欠であった。つまり、私が何がしかの言葉を知るためには、それを背景として支える関係性が先行していなければならず、彼や彼女を通して私は世界を分節し表現する特定の言葉の存在を知り、彼ら以外の人の意見を聞く際には、それを応用する。そして、別の状況での応用を適切なものとするには、彼らがその言葉と連動して用いた文章をそのままあるいは部分的に流用し、その語りに伴っていた身振りも模倣するのが一番手っ取り早い方法だろう。フィールドワーク中に私が作成した「表現集」は、彼や彼女に「こういうことが言いたい時はどう言うの？」「今の言い回しもう一回言って！」と聞きまくったフレーズで満たされているが、私が現在話しているチベット語は、これらの反復、あるいはその部分的な組み替えから成り立っている。その文章に付随していた身振りを想起しながら彼や彼女が使っていた言葉を別の状況で私が用いる際、それは私の言葉となって他者に伝達されることになる。この繰り返しの中で、私はチベット語でのやりとりがまがりなりにもできるようになったのである。依然として限られているにせよ、私はある状況や現象を切り取る言葉を「知る」と同時に、その言葉を適切に表現する文章構成も身振りも「知っている」。そして、それは極めて具体的なセッティングの中で得られた知識・身振りである。

さて、改めてこの過程を翻ってみると、私が言葉を学び、それを運用する状況とは、とある誰かが用いた表現の絶えざる模倣であることに思い至る。タイラーに依拠するまでもなく、文化が後天的に獲得されるものであるというのは人類学者であれば当たり前の知見であるだろう。私たちはフィールドワークの最中に、私たちが知ろうとする人々の振る舞いやそれが示す規則のようなものを模倣することで事後的に「知る」のである。言葉を学ぶ過程は、その一番わかりやすい実例であると言える。

ところで、「あらゆる事物は社会であり、あらゆる事象は社会的事実である」［タルド 二〇〇八：一六三］と説くガブリエル・タルドは、「モナドたちは、互いに相手を自分の一部にしているが、大なり小なり互いに所属しあっていて、それぞれが最高度の所有を望んでいる」［タルド 二〇〇八：二一三］と位置づけ、社会的紐帯に組み込まれたモナドとしての個人は常に他者を抱え持つ存在であると主張する。タルドは、「社会とは模倣」［タルド 二〇〇七：一二二］であり、模倣とは他者の信念と欲求を模倣することであり、所有することにほかならない、と強調する。

先に私は言葉を学び運用する過程を、とある誰かが用いた表現の絶えざる模倣と記述した。ここでタルドの議論を敷衍して、具体的な誰かとの関係性を通じて、私は知識として言葉とその応用可能性を「知る」だけではなく、対話の相手のものの見方をも模倣し、部分的に引き受けることになる、と考えることはできないだろうか。すなわち、具体的な関係性における模倣を通して言葉を「知る」こととは、その人の意見や嗜好をも身を以て所有する＝「知る」ことである、と言えないだろうか。「言葉が世界の見え方を規定する」的なこうした見方は、あまりにもサピア＝ウォーフ的、あるいはオカルト的な物言いに聞こえるかもしれない。しかし、私が彼らから言葉を学ぶ過程、お互いの話が通じていく過程と、お互いのことを知る過程は間違いなくリンクしており、自分について語り、相手もまた自分の言いたいことを語ることで、お互いの距離感が近くなり、相手のことを知った気になる過程とリンクする。最初、「真面目そうな日本人」と敬遠されていた私が、彼らとの会話の中で「お調子者」と認識され、徐々に彼らの付き合いに混ぜてもらえるようになり、最終的には「俺たち似てるよなぁ」と言われるようになったこと（彼らによると、私の所業によって彼らの「日本人イメージがすっかり変わってしまった」）、また、当初は私が無理やり彼らにつきまとっていたにも関わらず、いつの間にか彼らの方からも「散歩に行こう」「お茶飲みに行かない？」と電話をかけてくることが当たり前になっていく感覚や関係性はこの中で生まれてきた。彼らこそが私に日常的に単語や言い回しを教えてくれたのであり、彼らから私が学んだ言葉の大半は、私たちが何気ない会話を繰り広げる中で彼らが日常的に口にする言葉だった。彼らから学んだ言葉の一つ一つが今の私を作っており、その言葉で彼らとやりとりする。

上記のような特定の関係性に埋め込まれた言葉の学びの中で、確かに私は「自分が学びたい言葉」を能動的に知ることができた。しかしながらその一方で、特定の個人の口から発される言葉は常に、その個人の嗜好や私と彼らとの具体的な関係性や会話の中に埋め込まれているが故に、習得される言葉やニュアンスは常に一定の偏りを帯びざるを得ず、また、彼らが会話のうちに幾度となく繰り返す口癖や言葉選び、言葉の濁し方や相槌の打ち方は、意図せずして私に伝染してしまう。その点で、具体的な関係性の中で言葉を「知る」という過程には能動性と受動性が同居する。そして、具体的な関係性の中で言葉を知るとともに、会話を通して相手のことを知っていくこの過程は、私たちが身をもって彼らの意見や嗜好を受肉していく過程である、と言えないだろうか。もちろん、私たちは（自分自身についてのみならず）相手のことを完全に理解することはできないということは精神分析をはじめ、多くの見地から指摘されてきたことである。しかしながら、私たちは、たとえそれが綱渡り的な作業であれ、会話の中で相手の意図を想像しながら何がしかの理解（誤解？）を深めているのであり、模倣を通して具体的な状況に根ざした言葉をその相手から「知る」ことは、状況に加え発話者のものの見方を部分的に引き受けることに他ならないのではなかろうか。私にとって、政治をめぐる自身の体験は、この見方にリアリティを与えるものである。今や、チベット難民の友人たちが生きる政治は、当初抱いていた平板なものではなく、奥行きのある立体的なものとして私に立ち現れている。彼らが何気なく漏らす政治についての語りを表現として書き取り、自分の言葉となす、という過程の連続。政治を「知っていた」ことから再構成していた私の姿勢が大きく変わったのは、まさに彼らから言語を学ぶ中で、政治に対する彼らの一筋縄ではいかない姿勢を、模倣を通して能動的かつ受動的に部分的に引き受けたからではないだろうか。

「一つのパースペクティヴとは、一つの表象なのではない。というのも、表象とは精神の特性であり、それに対して視点は身体の中にあるからだ」、「魂の形式的な主体性と有機体の実質的な物質性との間には、情動と能力の束であるような身体という中心的な平面があり、それがパースペクティヴの起源にある」［ヴィヴェイロス・デ・カストロ　二〇一五：七四、七五］と語るヴィヴェイロス・デ・カストロは、身体こそがパースペクティヴの起点になることを強調する。これまでの記述と彼の議論を強引に結びつけるのならば、特定の相手から言葉を学ぶ過程は、具体的な関係性に埋め込まれた言葉を私の身体に受肉する過程であり、彼らのパースペクティヴを身体を通じて部分的に引き受けるという次元で捉えることを要求するのではないか。人類学者が中長期的なフィールドワークの中で人々（や事物、環境）と作り出していく関係性を通じて身につける言葉とは、身体に発するパースペクティヴが形成され、具体的な誰かが生きる形にその人類学者の生きる世界を部分的に作り変えていく過程なのではないだろうか。

フィールドワークとは、私たちが何かを「知る」ための営みである。そして、そこでは能動性と受動性が不即不離にからまりあいながら、せめぎあっている。人類学者が直面するこのプロセスこそが、人類学者自身をたえず作りなおし、人類学という知をも作りなおしていくのだ。

❖参照文献

ヴィヴェイロス・デ・カストロ、エドゥアルド　二〇一五『食人の形而上学――ポスト構造主義的人類学への道』檜垣立哉・山崎吾郎訳、洛北出版。

タルド、ガブリエル　二〇〇七『模倣の法則』池田祥英・村澤真保呂訳、河出書房新社。

二〇〇八『社会法則／モナド論と社会学』信友建志・村澤真保呂訳、河出書房新社。

第Ⅱ部

よそものになりに行く

フィールドワーカーになる

自惚れと自信喪失と失敗を重ねて

言語習得と紛争調査

［ソロモン諸島］

藤井真一

二〇〇九年一〇月三日。これは、私が初めて日本国外へ渡航した日だ。二週間前に取得したばかりのパスポートを手に、前日に破傷風とA型肝炎の予防接種を受けて、スーツケースを引きながら、重い登山リュックを背負って、大阪から成田空港まで新幹線で移動した。機内持ち込み用のリュックサックの中には、一カ月ほど前に買った英会話の本（たしか、中学校で習う英語で話せると銘打っていたように思う）と、南西太平洋の三カ国（パプアニューギニア、ソロモン諸島、ヴァヌアツ）で共通して話されている「ピジン・イングリッシュ」の教科書を入れていた。翌日の午後、私はソロモン諸島国の首都ホニアラへ到着した。

ここまでの内容から勘のいい人は気付くかもしれないが、私にとって「海外へ渡航する」というのは大変なことだった。できることなら日本国内から一歩も出ずに一生を終えたい。そんな思いが初渡航時点でも私に付き纏っていた。一番の理由は、中学校から十余年学んできたにもかかわらず、私は英語で意思疎通をすることにひどく自信がなかったことにあった。

あれから一〇年近くの歳月が経ち、二〇一八年現在までに、私は計七回の調査を行なってきた。いま、私はソロモン諸島の共通語であるソロモン・ピジンだけでなく、主要な調査地であるガダルカナル島北東部の現地語を理解して話すことができ、訪れたことがないにもかかわらずマライタ島の北部および南部の現地語もまた多少使うことができる。このエッセイでは、母語とは異なる言語が話されている社会へ赴いてフィールドワークをしている私の実体験を交えながら、言語習得に伴って経験した困難を紹介したい。

1　ソロモン・ピジン（共通語）を学ぶ

空港に着いた私は、教科書で勉強を始めたばかりのピジン・イングリッシュで、警備員に「タクシーを呼んでくれ」と頼んだ。しかし、警備員は顔をしかめて「はぁ？」と聞き返してきた。私の発音が悪かったのだろうか。そう思い、今度は拙い英語でお願いした。ところが、それでも彼は眉をひそめて同じことを繰り返す。「はぁ？」

初めての飛行機、初めての海外渡航。機内でも乗継でも、入国審査のときまでも、些細な問題が積み重なっていた私は疲れ果てていた。ぶっきらぼうに「ありがとう」と言い残して、重い荷物にふらふらしながら雨の中を少し歩き、舗装のくぼみを慎重に進もうとしていたステーションワゴンの前に意を決して躍り出た。

「死にたいんか、コラァ！」と怒鳴られながら、タクシー運転手に対して「メンダナ、メンダナ。メンダナ行って」と言った。見ず知らずの土地でずぶ濡れになりながら、ろくに意思疎通もできそうにない外国人を見た彼は、私を首都ホニアラの中心地にあるソロモン・キタノ・メンダナ・ホテルまで運んでくれた。しかし、私はこのホテルへ事前に宿泊予約をしていたわけではなかった。

ソロモン・キタノ・メンダナ・ホテルは、日本企業が経営する高級ホテルである。私は、英語版ガイドブックを通じて、このホテルに日本人スタッフが常駐していることを知っていた。英語もピジン語も話せなくても、とりあえず日本語で意思疎通ができることを願った。「高級ホテルなので、飛び入りでも空室があるに違いない」という甘い考えもあった。

ホテルに着くとロビーは大勢の日本人でごった返していた。どうやら同日に二〇〇人近い慰霊団体がホニアラへ到着したらしい。事前に到着を知らせておいた日本人学生が、ロビーで私の到着を待ってくれていたのが不幸中の幸いだった。この一週間後に、約三カ月のフィールドワークを終えた彼は日本へと帰国することになるが、「私にはもう必要ないから」と言って、英語で書かれたソロモン・ピジンの教科書のコピーをくれた。

ソロモン諸島に着いてから初めの三週間は、アパートで一人暮らしをした。この間、日本人学生から譲られたソロモン・ピジンの教科書を、持参した大学ノートに一言一句写本した。巻末にまとめられていた対英単語リストと、教科書の随所に挿し込まれていた「銀行で両替する」、「郵便局から郵送する」などのロールプレイは、大学ノートだけでなくフィールドノートにも写し、ウェストポーチに入れて常に確認できるようにした。そうして約三週間経った頃には、ソロモン・ピジンでのごく簡単な会話ができるようになった。

2　現地の人びとと暮らす

身につけたばかりのソロモン・ピジンで、買い物をしたり街角で知り合った人と雑談ともインタビューともつかない会話をしたりすることは、比較的簡単だった。とはいえ、発話のたびに頭の中で言葉を探し、たどたどしく文を紡ぎ出していた当時の私のソロモン・ピジンは、明らかにテンポが悪かったことだろう。そのように感じるようになったのは、ソロモン諸島での暮らしにも慣れ始め、いよいよ現地人の家庭で居候を始めたときのことだった。

ソロモン諸島で暮らし始めて三週間が経つか経たないかという頃、ある現地人から居候してもよいという旨の誘いを受けた。現地の人びとと同じ物を食べ、同じ環境で眠るという、いわば典型的な文化人類学者のフィールドワークの始まりである。ソロモン・ピジンの聞き取りもそこそこできるようになったし、ようやく現地の日常的な生活の様子を垣間見れるのだと思った。

彼の家には奥さんと五人の子どもたちのほか、夫方親族の男たち四人と妻方親族の女子学生たち四人が暮らしていた。平日の朝七時頃になると、銀行勤めをしている母親と学齢期の子どもた

同じ物を同じように食べる。私が思い描いていた「現地人との暮らし方」

ちが、入れ代わり立ち代わり水浴びをして、バタバタと去っていく。いぎたなく眠り続ける子どもを起こす声、水浴びを急かす声、髪を梳くための櫛が見当たらないと叫ぶ声、居候の男性にパンを買ってきてくれと頼む声。ここに挙げた朝の一コマだけでなく、家庭内ではソロモン・ピジンが氾濫していた。ありとあらゆる方向から、早口なソロモン・ピジンが飛び交っていた。街中で一対一の会話をする分には全然不自由を感じなかった私は、家庭内で交わされるソロモン・ピジンがほとんど聞き取れず、一気に自信を失ってしまった。

それでも、よく耳にするフレーズを覚え、手の空いている家族に一対一で尋ね、気付いたことをフィールドノートに記録する。比較的ゆっくりと話してくれる友人と二人、夜中に表でタバコを吸いながら、ソロモン・ピジンの勉強をする。こういったことを一カ月ほど続けて迎えた初調査の最終日には、テンポの速いソロモン・ピジンもずいぶんと聞き取れ、まずまず自分の考えていることをうまく表現できるようになった。

3　村落調査で気付いたこと

初調査を終えて二カ月後の二〇一〇年一月、「さすがに二カ月の滞在では予備調査にもならないから、できるだけ早く現地へ戻りなさい」という当時の指導教員の言葉を受けて、私は二度目のフィールドワークのためにソロモン諸島へ戻ってきた。しかし、肝心の調査地がなかなか決められず、首都ホニアラに留まって、都市生活者を対象に過去と現在の暮らしぶりの変化について調査を続けていた。

ソロモン諸島では、一九九八年末から二〇〇三年にかけて「民族紛争」と呼ばれる武力衝突があった。この紛争は、首都ホニアラが位置するガダルカナル島の人びとと、マライタ島にルーツを持つ人びと（以下、マライタ系住民）との間で争われたといわれてきた。比較的早い段階から、マライタ系住民に注目した研究や報告が出回っていた一方で、紛争のもうひとつの当事者であるガダルカナル島の人びとについての情報は相対的に不十分な状況であった。それに加えて、ガダルカナル島については太平洋戦争に関する歴史文献が多く、現地の社会や文化に関する民族誌資料がほとんどなかった。このような事情があったので、私は文化人類学者としてガダルカナル島で調査をしたいと考えていた。

二〇一〇年二月、現地で知り合った青年海外協力隊員に付き添って、彼の赴任先であるガダルカナル島北東部を訪ねた。すでに首都で二カ月以上暮らした経験があったので、私は相当程度にソロモン・ピジンで意思疎通ができるつもりでいた。しかし、彼の同僚であるガダルカナル島出身の教員に自己紹介をしたとき、お互いにソロモン・ピジンで会話をしているはずにもかかわらず、すぐには内容が聞き取れなかった。

その理由は、どうやら私がソロモン・ピジンを学んだ社会環境にあったようだ。ソロモン諸島の首都ホニアラは、ガダルカナル島に位置しているにもかかわらず、圧倒的にガダルカナル島出身者の人口が少ない。町中を歩いていても、バスに乗っていても、露店でも、ソロモン・ピジンとは別に、マライタの言葉がよく耳に入ってくる。

ホニアラの喧騒の中でソロモン・ピジンを学んだ私は、どことなくマライタ訛りの、また都会風のソロモン・ピジンを習得していたようだ。ガダルカナルの村落部に暮らす人びとが話すソロモン・ピジンとは、さまざまな点で微妙な違いがあった。ガダルカナル島北東部でしばらく調査を続けていくうちに、その違いが感覚的にわかってきた。

たとえば、「どこへ行くんだ?」という疑問文。これを、マライタ島北部の言葉では「オエ・レア・ファイ?」、マライタ島南部の言葉では「オコ・ライ・ヘイ?」という。ところが、ガダルカナル島北東部の言葉では「コンデア・イヴィ・ガイ?」となる。ガダルカナル島西部では「ヤヴァ・ヴァノ？」だ。こうして文字だけで表現すると、ただ単に「全然違うんですね」という程度しか伝わらないかもしれない。ただ、感覚的には、（もちろん話者にもよるが）マライタ島北部の言葉は大声でハキハキと話すのに対して、ガダルカナルの言葉はどことなく間延びして聞こえる。この現地語の話し方が、ソロモン・ピジンを話すときにもにじみ出るようだ。

4　紛争調査と言語の問題

ホニアラで暮らしていると、どうしてもマライタの言語を耳にする機会が多くなる。何より、同居している家族はすべてマライタ系の人びとだ。彼らを訪ねてくる親戚や友人たちも、そのほとんどがマライタ系である。そこで私は、町中で手早く人間関係を築いて効率的に情報収集をするために、マライタ島北部と南部の言葉を少しずつ学び始めた。「おはよう」や「おやすみ」といった挨拶に始まり、簡単な疑問文や日常生活でよく使われる表現などを、ソロモン・ピジンと並行して少しずつ身につけた。青空市場で現地語の挨拶をするだけで、私に対する人びとの距離が縮まって、人間関係の構築がスムーズになった。さまざまな場面で、人びとが私のために融通してくれるようになった。

二〇一一年七月から、ガダルカナル島北東部の集落で本格的にフィールドワークを始めた。いくつかの集落で、「民族紛争」をめぐるさまざまな情報の収集に加えて、生業や社会組織などをは

饗宴に参加するため，藪の中を別集落へ向かう

じめとする基本的な民族誌調査を進めてきた。それと同時に、ガダルカナル島北東部の現地語を習得するために、かなりの時間を割いてきた。実は、ガダルカナル島の諸語については、辞書も単語帳もない。指差ししながら物の名前を聞き、「××って現地語でどう言うの？」とソロモン・ピジンで尋ね、世界初の単語帳を作る勢いで、二〇一八年現在でも現地語を勉強し続けている。

ガダルカナル島北東部の現地語が少しわかり始めてきた二〇一一年八月末のこと。友人がある饗宴に招待されたというので、私は彼と連れ立って別の集落を訪問した。写真やビデオで現場の様子を記録しながら、気になるところは友人たちに尋ねてメモを取った。とても充実した一日を過ごして大満足だった私は、その饗宴で知り合った人びとに対してお礼を言うときに、調子に乗って「ロド・ディアナ！」と付け加えた。場の雰囲気が変わった。

ガダルカナル島北東部の現地語で「おやすみ！（ロド・ドークー！）」と言うべきところ、私はマライタ島北部の言葉で「おやすみ！」と言っていたのだ。

なんてことはない、ただの言い間違えにすぎない。ところが、「民族紛争」を経験したガダルカナル島の人びとにとっては事情が異なる。たどたどしいながら現地語を学んで自分たちの社会や文化について調査しに来ているらしい日本人が、紛争中に敵対した相手方の言葉を使うなんて！

このときは、同行していた私の友人がきちんと説明してくれたおかげで問題にはならなかったが、私のことをマライタ側のスパイではないかと疑う者が現れてもおかしくない状況であった。

たしかに、二〇〇三年七月にオーストラリア主導の治安部隊が駐留を始めたとき、武力衝突は終わった。しかし、過去の軋轢《あつれき》や被害の記憶はそうそう消え去るものではなく、潜在的にくすぶり続けるだろうし、禍根として残りうるものである。現在でも紛争当時の経験について表出できない被害者や、ガダルカナル島の集落を追い出されたまま戻ってこれないマライタ系住民も多くいるのだ。

先の出来事以来、私はガダルカナルとマライタの双方の現地語を身につけるように努めている。ソロモン・ピジンで会話をするときにも、相手の母語に気を配っている。こういった振る舞いをしていると、調査対象者を欺き、自分にとって都合の良いように相手を搾取しているのではないかと自問することがある。同時に、あらぬ疑いをかけられて、もめごとに巻き込まれないようにするための護身術でもあると考えている。

両極端を揺れ動きながら、私はいまだ適切な回答を与えられないまま、同時に複数の言語を学び続けている。いつの日か両集団を橋渡しするピースメイカーとしての役割が果たせるときが来ることを願って。

マサラ映画で歌ってみれば

［インド］

飯塚真弓

二〇一八年、久しぶりにインド映画が日本でヒットしている。ラージャ・マウリ監督の『バーフバリ』である。一九九五年に日本にマサラ映画ブームをもたらした『ムトゥ 踊るマハラジャ』以来だろうか。本国での歴代映画の記録を塗り替え、昨年末に日本でも公開された。インド映画ならではの豪華絢爛な歌と踊り、アクション・シーンのほか、架空の物語ではあるが、古代の南インドを舞台に主人公バーフバリの親子三代にわたる数奇な運命を中心に描いた叙事詩映画である。日本の映画館では、コスプレ、絶叫、拍手喝采、野次、すべてOKの「絶叫上映」に指定され、その独自の鑑賞スタイルも話題となった。私が住む群馬県でも、サリーを着た女性（もちろん日本人である）が映画館に現れ、本国インドで映画をみるかのようにスクリーンに歓声をおくる場面を目の当たりにして本当に驚いた。私もまた思いがけず、南インドで製作されたこの映画に少しばかり携わることになった。そして思い出したフィールドでの映画と歌をめぐるエピソードを交えて、私の南インドでのフィールドワークを紹介したいと思う。その前にまず私のフィールドワークに対する思いについて触れておきたい。

1　フィールドワークに対するコンプレックス

私は人類学の世界に足を踏み入れて今年で一〇年目を迎えるにもかかわらず、フィールドワークに対してずっとコンプレックスを抱き続けていた。だから、初対面で誰もが尋ねる「なぜ南インドの寺町でヒンドゥー教の司祭の研究をしているのか？」という基本的な問いが最も苦手で、実際にあまりうまく答えられたことがない。大方の人が期待するような劇的な出会いや強いパッションゆえでもない。そもそものきっかけは、たまたま選んだ留学先がインドであり、派遣先の提携校が調査地近郊にあったに過ぎなかったからだ。そんなわけで、私の場合は、きっかけよりもむしろ「なぜこのフィールドで研究を続けているのか」という継続の理由を答えていくことにする。

二〇〇七年、はじめてインドの最南端タミル・ナードゥ州の地に足を踏み入れた私は、ヒンドゥー教のことも現地語のタミル語も、ほとんど知識がないまま、州都チェンナイから約二五〇キロメートル離れたチダンバラムという人口六万人ほどの門前町で一年の留学生活を送ることになった。まちの真ん中にはナタラージャ寺院というヒンドゥー教の古刹寺院があり、寺院では今でも三五〇人程のディークシタルと呼ばれる専属司祭たちが特権的に寺院管理や宗教活動を行なっている。当時、文化人類学ではなく、建築学を専攻する学生であった私の研究は、彼らの伝統住居の調査からスタートした。

しかし、日本では神棚も仏壇もない家で育ち、宗教とはほど遠い生活を送っていた私にとって、日常生活のささやかな行為までがヒンドゥー教の宗教的慣習や世界観、特に厳しい女性観によって規定されている寺院司祭の生活は大きな衝撃だった。タミル地域で、「チダンバラム」というと亭主関白の代名詞として通じるほど、特に、未婚女性の貞節を守ることには厳しく、「チダンバラムに生まれた女性は、寺院を取り囲む四大通りの境界を越えてはいけない」という行動範囲を制限する現地のことわざが存在することにも表れている（ちなみにカカア天下の代名詞は南部の寺院都市「マドゥフイ」である）。同時に、彼らに調査者として受け入れてもらうために、宗教が生み出す階層的、かつ排他的な社会構造を理解し、さらに自ら実践しなければならないという状況にも立たされ、ひどく苦しんだこともある。例えば、神事を生業とする司祭は常に宗教的な浄性を保ちながら生活しなければならないが、彼らにとって低位カーストの人が触れたものや料理した食べ物は不浄である。司祭たちの家に出入りする私も同様に、低位カーストの人びと、例えば、なじみのオート三輪の運転手やその家族との交流を控えるよう求められたり、そうすることで非難されたりしたこともある。私は、宗教とは異なる人々が社会に共生するための哲学や想像力を示すものだと思っていた。この時の葛藤を胸に、のちに私は文化人類学へと専攻を変え、彼らの共生の哲学やジェンダー観、幸福感や世界観を構築しているものは何なのか、を理解したいと思

ナタラージャ寺院の池から北の寺門をのぞむ

いつつ今に至る。それでも、「いつか自分自身が排除の対象となって、フィールドから追い出されてしまうのではないだろうか」という懸念が心のどこかにあり、自分自身がフィールドにおいて巨大な異物のように感じられることもあった。彼らと私の間には何か、越えることができない大きな壁があるように思われてならなかった。

2 ブレイクスルーとなった歌

これまでのフィールドでの体験を思い返してみれば、そんな異物感や壁をいとも簡単に越えてしまった瞬間も確かにある。それが、歌であり、一緒に歌を歌う体験にあった。私はそもそも人前で歌うことが苦手で、日本では友人とカラオケに行ってもほとんど自分からマイクを握ることもなかったが、その機会はある日突然やってきた。きっかけは二〇〇七年、当時現地の後見人を務めてくれていたランガナタンさんから持ち込まれたタミル映画、ラヴィクマール監督の『ダサヴァーダラム（Dasavatharam）』（二〇〇八年公開）の吹替えの出演依頼である。ダサヴァーダラムとは、ヒンドゥー教の大神のひとりであるヴィシュヌ神がこの世界に現れる時の「十の化身（アバター）」を表す語である。そして、『踊るマハラジャ』のラジニカントに並んでタミル映画の二大スターのひとりであるカマル・ハッサンが十人の異なる登場人物を演じ分けることで話題となったSFアクション映画である。残念ながら日本では未公開だが、現地では誰もが知る大ヒット作である。私が吹替えを担当したのは、カマル・ハッサン扮する登場人物のひとりが持つ日本人の義理の妹の役であった。

もちろん私は日本で吹替えの経験はない。しかも、事前に台本が渡されたわけでもない。当日、いきなりダビング・スタジオでマイクの前に立たされ、直前に渡されたスクリプトを撮影済みの映像にかぶせて話せという。正面のガラス越しには、大きな目を見開いたインド人のダビング・ディレクターとアシスタントの人たちがこちらを凝視している。映画のなかでは時間にしたらほんの数十秒程度の出番であるが、スクリプトをみるとほとんどタミル語で、少しの英語とわずかな日本語が混じるだけであり、泣いたり、大声で叫んだり、さらにはこぶしを高く振り上げ、勇ましくインド国歌を歌うシーンもある。話が違う。「日本人の若い女性で、日本語と英語と、タミル語が少し話せる人」というひどく大雑把な条件で選ばれたのが、当時タミルの地方で留学生活を送っていた私だった。もちろんできるわけがない。初日はぎこちなくセリフを棒読みし、あまりの無茶ぶりに笑いさえ込み上げてきてしまったら、「笑いごとではない、感情を込めろ」と苦言を呈され、叱られる始末だった。結局一週間練習する猶予を与えられ、また再度録音することになった。そこから調査地に戻った私は、必死で練習した。根気よく練習に付き合ってくれたのは司祭の子どもたちだった。しかし、苦労して覚えた国歌を歌う場面は検閲で不合格となり、公開時にはばっさりとカットされていた。インドにおいて国歌は、国家そのものでもあり、直立不動にて敬意を示さなければならないという。しかし、問題のシーンでは、登場人物が雑談の合間にふざけて歌い出していた。私がインドで初めて覚えた歌はフィールドの母語タミル語ではなく、ヒンディー語のインド国歌だったが、一語一句、手取り足取り教わりながら、彼らと声を合わせて歌うことが、不思議な一体感を生み出すことを感じたのである。この時ばかりは浄・不浄、階級も、外国人であることも関係なく、同じ地平でつながっているような感覚を覚え、今思えば、それが私のフィールドワークがはじまった瞬間でもあったように思う。

のちに、現地の大学でタミル語を習い、少しばかりの読み書きもできるようになると、通過儀礼の歌、寺院祭祀の歌、子守歌など、歌は彼らの宗教生活のなかで大事な位置を占めることがわかってきた。今度は彼らの歌を知るために、私も自ら歌を歌うようになった。しかし、歌うこと、そして歌がもつ不思議な力に気づいたのは、日本に帰国してからずっと後、妊娠と出産を経て娘に子守歌を歌っている時だった。生まれたばかりの子どもは、まだ昼夜の区別がつかない。生後三週間ほどすると徐々に夜にまとまった睡眠をとるようになり、昼に起きている時間が長くなってくる。ところが、リズムが整うまでは何をしても泣き叫ぶばかり、という魔の時間が毎日何時間もあった。そんな時は仕方ないのでひたすら子守歌や童謡を歌っていた。同じ歌を何度も何度も繰り返す。泣き続ける赤ん坊もそのうち歌のリズムに巻き込まれてある瞬間にすっと眠りにつく。歌にはその声とリズムで空間を紡いでいくような、巻き込んでいくような効果があるということを、身をもって実感した。

3　再びフィールドワークへ

二〇一七年、二年程のブランクを経て久しぶりにフィールドワークに復帰した。そもそも、ヒンドゥー教の寺町において、司祭を相手にフィールドワークを行なうことの魅力は何だろうか。特にインドの中でもタミル地域のバラモン司祭は、古い慣習やヒンドゥー教の伝統を頑なに守る古風な人びととして知られている。それは古刹寺院の司祭となればなおさらのことだ。宗教儀礼上、さまざまな決まりや禁忌などを守り、自ら「ヒンドゥー文化／伝統の継承者」を体現しようとする。また、他の人々からもそのような姿を求められ、そう認められてもいる。そこには尊敬とともに、少しばかりの嘲りや軽蔑のまなざしさえ含まれることもある。そもそも「伝統」自体がとても危ういものだ。一方で田舎の寺町といえども、周りの環境は目まぐるしく変化を続け、

親族の歌声が響くなか結婚式の玉取りゲームを行う花嫁と花婿

学校教育の浸透、映画やテレビ、インターネットを通じて都市や外国のニュースや動向、流行も瞬時に伝わる。これまで行なってきた慣習が違法となり、非倫理的で非近代的と非難されることもある。こうした慣習には、例えば、小さい頃に許嫁を決める幼児婚や生理中の女性を隔離する慣習などが含まれる。伝統的な宗教世界を軸に生活する司祭であっても、姑とは距離を置いて、夫婦と子ども水入らずで、新しいアパートに住みたい。洗濯機や冷蔵庫、エアコンを備えた物質的に豊かな暮らしを望む若い世代もいる。そのような現代的な生活には現金収入は欠かせないが、信者からの布施や寄付に頼る司祭という職業はもともと安定した現金収入があるわけではない。そのため、司祭以外の職業選択を願う者も、社会進出を果たす／夢見る女性がいることも確かである。外に出る機会が増えれば、他のコミュニティの人々と社会関係を築き、また規範に反した恋愛をすることだってある。バラモン司祭階級の人びとは高位のカーストとして宗教的な地位は高くても、タミル地域では、その数としてはマイノリティであり、政治的には弱い立場にある。そんな彼らの現状を目にすると、この現代インド社会で、彼らのように伝統的なバラモンの生き方を維持してゆくことの意義は何なのだろうか、と考えずにはいられない。

ほんの数秒であるが私の声が吹き替えられた映画は、その後も現地のケーブルテレビで放送されることがあるらしい。そのたびに、フィールドの友人からメッセージが届く。そして、私はこの映画の吹替えのエピソードを思い出す。人と人が出会うことは本当に不思議で刺激的な経験だ。フィールドワークでは、人の生を五感で感じるだけでなく、人によってまた私も様々な自分を引き出してもらっている。その経験の魅力が薄れない限り、これから先も私はフィールドワークを続けていくのだと思う。

何かが少しだけわかる、その瞬間を待って

ベトナム山地民の儀礼とパフォーマンスの調査から

［ベトナム］

康　陽球

1　おしゃべりの達人たち

私は、ベトナムの南中部にあるニントゥン省で、山地に住むラグライと呼ばれる人びとの、儀礼とそのなかで繰りひろげられる舞や歌や劇や楽器の演奏といったさまざまなパフォーマンスについて調査をしている。

二〇〇〇年代初頭、ベトナム中部の高原地帯で土地問題に端を発した少数民族のグループによる暴動が幾度となく起こった。その暴動に、外国に住むベトナム出身のプロテスタントが関わっていたとされる。その影響もあるのだろう。外国人研究者による少数民族や宗教に関する調査は、他のテーマに比べて政府による管理がより慎重になる。今回の調査は、ベトナム政府の正式な許可を得て実現したのだが、住民の家で寝泊まりするところまでは残念ながら理解が得られなかった。そのため、調査地からバイクで一〇分ほどのところにある県の中心街――と言っても役所と

小さな市場、いくつかの商店があるばかりだが――の長屋の一室を借り、そこから村に通うという方法で調査をすることになった。

　このような理由から、終始「村の外」の人間としてラグライの人びとと付き合うことになったのだが、調査をはじめた当初から、彼らといる時間が気詰まりだと思うことはあまりなかった。私が彼らのおしゃべりの輪に入っていくと、いつもみな快く受け入れてくれた。村の人びとは、私の故郷や私の家族についてたくさん質問をした。「日本語を話してみてくれ」「これは日本語でなんと言うのか教えてくれ」というのは、必ず出てくるリクエストであった。私が何かを日本語で発するたびに、「あうぉー、なんと言っているのか全然わからない」と絶妙なリアクションをして周囲と私を笑わせる。彼らは私をダシに笑いをとるのだが、私がそれで不快な思いをすることは――タチの悪い酔っ払いに絡まれることをのぞけば――ほとんどなかった。他者との会話を情報交換ととらえがちであった私に、彼らは人とともに過ごすことの楽しさを改めて教えてくれた。

2　異文化接触としてのフィールドワーク

　博士課程に進学して間もないころ、新しい研究テーマを探すため、学部生時代に訪れたことのあったベトナムに渡った。ところが、事前に調べておいた調査候補地を訪れてみてもなんだか気持ちがのらない。それからというもの、語学研修のかたわら、何か心にひっかかるものを探して

山の上の畑でトウモロコシを収穫するラグライの女性

ふらふらとベトナムをさまよった。調査地を探しはじめて一年が経ったころ、今の調査地の近くで行われたチャム人のお祭りに参加し、そこで知り合った人たちの案内で調査地となるラグライの村に遊びに行った。村の人びとの、人との接し方や距離のとり方が心地よく、調査地探しに疲れていた私は迷わずそこで調査することに決めた。

調査をはじめた当初は、彼らが私という「異文化」に向けるさまざまな「疑問」や「驚き」が、とても新鮮で、村の人に会うのが毎日楽しかった。ある家族は、私をニホンというベトナムの少数民族であると認識していた。また、私を外国人と認識している人たちにとっても、日本には彼らのように焼畑農業をする山地民がいないということが、たいへんな驚きであるようだった。さらに、土葬を行うラグライの人びとにとって、日本の火葬はとても残酷なことであることもわかった。「まだ肉があるうちに燃やしてしまうなんてかわいそう」という彼らの驚きにふれることで、私が生きてきた世界が、彼らにとってどれだけ異質なものであるのかを知った。それだけでなく、彼らの反応は彼らと死者との関係を考えるための手がかりにもなった。

3　接するほどに深まる謎

しばらくはそんな他愛もないおしゃべりにふける日々を続けていたのだが、時間が経つにつれて、私は徐々に焦りを感じるようになっていった。

その頃私は、どこかの家で儀礼があると聞けば訪ねて行き、儀礼を観察したり、そこにいあわせた人に、あれやこれやと質問をしたりしていた。私が何か質問をすると、村の人びとはすかさず答えを返してくれる。ところが、説明を聞いたとしても、目のまえで立て続けに繰りひろげられる不可思議なパフォーマンスについて、私は何もわからないままなのである。食い下がって質問を続けたとしても、私の質問などまるで聞いていないかのように、彼らは同じ答えを何度も繰りかえすだけである。儀礼が終わって落ち着いたころに改めて尋ねに行くと、状況はもっと悪い。儀礼が終わると、彼らはその儀礼への興奮も、私に何かを伝えたいという情熱も、すっかり失くしてしまっているのである。そして、話はいつもの他愛のないおしゃべりへと逸れていく。彼らは、楽しいおしゃべりは得意でも、儀礼の手順や一つ一つのパフォーマンスの意味を解説することには、全く関心を示さないのだ。

ここで私が村の葬祀儀礼で経験した二つの出来事を紹介したいのだが、その前にラグライの葬祀儀礼について簡単に説明しておこう。私が調査している村では、人が死ぬとその日に死者を埋葬する。そして翌日以降――ときには一〇年以上先になることもあるという――に二日間かけて葬祀を行う。葬祀には二人の祈禱師が招かれる。彼らの祈禱の舞に合わせて、チャールと呼ばれるゴングが演奏される。チャールは、銅や錫から製造されており、直径は三五センチ前後、重さは三キロほどある。この村では、演奏に最低五つのチャールを必要とする。それぞれ音階が異なり、一人一つのチャールを担当する。チャールに通された紐を肩にかけ、肩から吊り下がったチャールの内側を片手で押さえながら、反対の手で表面を叩いて音を奏でる。一人ひとりが響かせるチャールの音が調和して一つの曲を奏でる。葬祀では、チャールの音と祈禱師の舞によって、死者の魂を墓から家に連れ戻す。そのあいだ親族の女性たちは泣くように歌い、死者に語りかけたり、死者との思い出を詠ったりする。村の人びとは、年齢を問わずチャールの演奏に熟練している。舞のない時間には、有志が集まりチャールでさまざまな曲を演奏してその場を盛り上げる。チャールは骨董品としての価値が高く、窃盗に遭うことも多い。そのため、ふだんは人目のつかないところにしまわれており、昔のように日常的に演奏されることもなくなった。そのせいなのか葬祀があると、人びとはこの日ばかりはとチャールの演奏にふける。

こんなことがあった。ある日、村の葬祀の休憩時間に自然と「チャールを叩く遊び」がはじまった。私は以前聞いたことのあったルワという曲をリクエストした。すると、それを聞いた一人の男性の表情が曇った。村の人びとは人のお願いをめったに断らないのだが、そのとき彼は困ったような表情で私に言った。

「ルワは、葬祀が終わって死者が祖先の世界に行くまで叩けないんだ」

そこで、私は尋ねた。

「ルワという曲にはどういう意味があるんですか」

「ルワのもつ意味は叩く人によって変わる。死者がまだこの世界にいる間は叩けない」

「なぜ、死者がこの世界にいる間は、ルワを叩けないんですか」

「死者がまだこの世界にいるから、ルワを叩けないんだ」

「……」

私と彼の問答はいつまでもかみあわなかった。言葉が通じていないのかと、調査を手伝ってくれていた友人に通訳をお願いしてみても結果は変わらなかった。

あるいはこんなこともあった。ある高齢の女性の葬祀が終わったあとのことだった。三人の祈禱師のうちの一人と親族の青年たち数人が、供物の入ったカゴと、葬祀の最中バナナの上にかけておいた白い布を携えて墓に向かった。墓は死者の新しい家と考えられており、屋根が造りつけ

葬祀でチャールを叩く人びと

られている。墓に着くと、屋根を支える梁から供物の入ったカゴを吊り下げ、その梁に掛けてあった乾いたトウモロコシを、祈禱師が家から持ってきた白い布に包んで家に持ち帰った。家では、残る二人の祈禱師と親族の男性数人が待ち構えていた。そして、彼らと墓から戻ってきた数人とで寸劇がはじまった。

プロットはシンプルである。森に行った一団が、森で幼い少女を見つけたと村の長老たちに報告する。そして村の長老たちに、その少女を育てるようにと促す。布にくるまれたトウモロコシは、幼い少女の役を演じる。演者たちは、観衆の笑いを誘うために相手をからかう。からかわれた相手は、また新たな笑いを生み出すために巧妙に応答する。

私は、その劇を見ている人たちに彼らは一体何をしているのかと尋ねた。ある人は「この劇は、悲しみに暮れている家族を喜ばせるためのものである」と答えた。またある人は、「トウモロコシは畑に植えられて、やがて残された家族の食糧になる」と言った。「トウモロコシは、『死者の魂』『死者の根っこ』『死者の本質』である」と言う人もいた。一方、ついさっきまで行われていた葬祀のクライマックスでは、残された家族と死者との関係を絶つためのパフォーマンスが何度も繰り返された。それを見ながら人びとは、死者との関係を絶つことの重要性を何度も私に説いた。葬祀が終わると、死者は祖先の住む山の上に還る。ラグライは、葬祀を終えたら死者との関係を完全に絶つ。死者を慕わない。死者の名前を呼ばない。死者を思い出して泣くことは禁忌である。それなのに、葬祀が終わったすぐそのあとの寸劇で死者のモチーフが出てくる。一人ひとりの説明を切り取ると非常にシンプルだ。何ら難しいことは言っていない。しかしそれらを集めて眺めてみると、一体何を言っているのかさっぱりわからない。謎は一層深まるばかりである。

4　よそものとしての感覚をみがく

村の人びとはいつも、私から聞く日本の慣習や、テレビドラマで見る外国の様子、近くに住むチャム人やベトナムの多数派であるキン族の暮らしぶり、隣の村の風習などを引き合いにだしながら、自分たちの村の特徴を私におもしろおかしく説明してくれた。しかし彼らと接するほどに、私は彼らについて何もわかっていないことに気付かされた。そして私は焦り、ときにいらだった。

しかし、徐々にこう思うようになった。ラグライの人びとが私にむけるふるまいは、私という観客を楽しませるためのパフォーマンスなのかもしれないと。それならばこれからは、観客という地位に甘んじることなく、彼らの説明からこぼれ落ちるものを一つ一つ掬い上げていくしかない。

でも一体どうやって。それに対する明確な答えはまだない。わかっているのは、彼らが私に伝えてくれたことは、彼らを理解するうえでとても貴重な材料であるということだ。ただ、その材料との向き合い方を身につけていかなくてはならないのだろう。彼らにとって私がよそものであることに変わりないが、これまでとは違うよそものにならなければならない。笑いがはじけるおしゃべりの時間を通して、一心不乱にチャールを叩くことを通して、泣くように歌う（あるいは歌うように泣く）ことを通して、彼らは一体何をしているのか。それを感じとるために、人びとの日々の生活に伴走し、儀礼の活気を共有し、ときには自らも演者になってみる。よそものなりに、彼らを理解するための感覚をみがいていく。そうすることで、何かが少しだけ明らかになることに期待するのである。

5　チャールの音色を感じて

その何かが少しだけわかったように思えた出来事を、最後に記しておきたい。調査をはじめて間もないころ、私はよく村のはずれにある湖のほとりで生活している人たちを訪ねていた。そこは森林保護区で、本来居住することが許されていないのだが、強制移住によって肥沃な農地を追われたラグライの人びとにとって貴重な耕作地になっており、彼らがそこに住み耕作することを森林管理局も黙認していた。しかしある日私が湖のほとりにいると、森林管理局の職員がやってきてここにはもう来ないようにと私に告げた。それ以降私は湖に行くことはなくなったのだが、森林管理局の職員はそれからも湖を頻繁に訪ねるようになった。そしてそのたびに住民の飼うニワトリを賄賂として要求するようになった。たまりかねた住民たちは、湖をあとにした。

それまでも県の人民委員会や公安（日本の地方自治体や警察に近い職務にあたる機関）の職員に、調査の進め方に対する要求や指示を受けたことは何度もあった。しかし湖での一件は、それとしてすぐに気持ちを切り替えることができなかった。私の調査によって、住民の生活の糧が奪われてしまった。それだけではない。外国人が湖に出入りしていることを森林管理局に報告したのは、そこの住民であるラグライの女性であった。何よりもその事実が私を落ちこませた。彼女の名を仮にラシヤとしよう。他の住民が去ったあとも、ラシヤの家族だけがそこに残った。以前、ラシヤの家でビールを飲み楽しく過ごしたこともあったのだが、仲良くなれたと思っていたのは私だけだったようだ。彼女の息子たちが公安の職員をしているので、彼女にも報告の義務があると考えたのだろうか。あるいは、私が湖に出入りすることを快く思っていなかったのだろうか。どのような理由があったとしても彼女の行いは責められるものではないが、それでもその後彼女を見かけるたびに私の中には複雑な感情がうっすらと込み上げるようになった。

その一件から数週間が経ったころ、隣の村の中学生がチャールの練習をしているということを聞き、私はその練習を見に行った。するとそこにラシヤがいた。彼女は、首都ハノイに招かれたこともあるチャールの名手で、村の人に頼まれてチャールの演奏を指導しに来ていた。

チャールは力任せに叩くだけでは美しい音をだせない。曲調に合わせて脚や腰、全身を動かすことで、はじめてその曲にふさわしい音色を奏でることができる。村の大人たちは少女たちを囲み、チャールの叩き方を熱心に指導するのだが、思春期の少女たちはダイナミックな動きをするのが恥ずかしく、いくら指導してもなかなか様にならない。そんな少女たちを見かねて、すでに何杯かひっかけてほろ酔いのラシヤがチャールを一人の少女の手から奪い、自ら演奏をはじめた。重厚な音色に一瞬にして場が静まり返った。その音色を引き出すためにうねる肢体が美しかった。私は目を奪われた。その後数日間、彼女の姿とチャールの音色を思い出してはしばし恍惚とした気分になった。私が勝手に抱えていた彼女へのわだかまりも、大したことではないと思えるようになった。

村の人々が得意とするのは、おしゃべりだけではない。泣き歌、掛け歌、寸劇、楽器の演奏など、さまざまな技芸を巧みにやってのける。彼らにとっておしゃべりは、情報交換の手段というよりも一種のパフォーマンスなのかもしれない。彼らのパフォーマンスはそこに参与する者の感情をゆさぶり、ときに関係を転回（展開）させていく。私がラシヤのチャールの音色を感じたとき、彼らがこのようなパフォーマンスを通して一体何をしているのか、少しだけわかったような気がした。

フィールドワークは、骨の折れる作業である。数カ月かけて調べたことが、論文の中では数行にすらならないこともある。それでも私たちが、調査地の人びとに粘り強く寄りそい同じ景色を見ようとするのは、言葉だけでは知ることのできない何かがわかる、その一瞬に出会うためなのかもしれない。

今回の調査は、あと数カ月でひとまず終わりを迎える。振り返ってみると、決してスムーズではなかった。理不尽な要求に怒り落ち込んだこともあったが、調査地の人びとのかっこよさにふれることで、どうにか気持ちに折り合いをつけ調査を続けることができた。むしろ困難なときにこそ、彼らの魅力が際立って見えた。あともう少し、そんな彼らに師事しながら、何かが少しだけわかる瞬間を待ちたい。

失った故郷を探求する熱意

関西移住者から見る三池炭鉱

［日本］

西牟田真希

私は三池炭鉱に関する保存や展示を通して、後世に何が伝えられようとしているかを調査・研究している。今回はある展示会に参加した出来事をふりかえってみよう。

二〇一七年五月、エル・ライブラリー（大阪産業労働資料館）の一室。展示会の準備のために来館したのに誰もいない。皆はすでにこの施設（「エル・おおさか」大阪市中央区）にある九階の展示会場に集合していた。この日はゴールデンウィークの真っただ中で、翌日が展示会の初日という日である。九階の会場と四階のエル・ライブラリーを行ったり来たりして、荷物の運び出しを何往復もしたり、展示会場の設営をしたり、展示品を陳列したりしていた。準備をしながらふと、私は他のメンバーが熱心に準備作業をしているのを見て思った。何がそこまでの熱意を駆り立てているのか。彼らは私が関わる何年も前から、この展示会の開催に中心的に取り組んでいた。休日返上で何度も会議を重ね、展示許可の交渉に行く。趣味や余暇を楽しむというレベルを超えて拘束力も大きい。しかも、彼らの中には展示の専門家だけではなく、一般の市民ボランティアも含まれている。なぜそこまで注力できるのか、その理由を知りたいと思った。

1 展示会の実行委員会「関西・炭鉱と記憶の会」とは

彼らとは、「関西・炭鉱と記憶の会」という団体のメンバーである。この会は、二〇一七年五〜六月に開催された展示会「炭鉱の記憶と関西――三池炭鉱閉山二〇年展」の実行委員会の名称である。展示の企画・運営等を主に目的として結成された。

三池炭鉱（福岡県大牟田市・熊本県荒尾市）は、明治時代から本格的に石炭産業が発達した国内有数の産炭地であった。第二次世界大戦後は石炭・鉄鋼を重点的な復興政策とする傾斜生産方式による拠点となったが、のちに合理化が進んだ。その最たるものは、一二〇〇名の指名解雇を通知した一九五九〜六〇年の労働争議であった。この時期に、少なくはない労働者とその家族が関西方面に移住した。一九九七年に三池炭鉱は閉山。その後、一九九八年に国の重要文化財に登録（宮原坑跡・万田坑跡）、二〇一五年に世界遺産に登録された（宮原坑跡・万田坑跡・専用鉄道敷跡）。

実行委員は、全員で一一名（男性四名・女性七名）、年齢は五〇〜六〇代以上が中心である。そのうち六名が産炭地・三池炭鉱を構成する大牟田市・荒尾市出身（以下、三池出身と表記）である。彼らは三池炭鉱およびその周辺から、関西に移住してきた経歴をもつ（当人または親が出身である者を含む）。その六名に加え、学芸員、新聞記者、研究者からなる。

実行委員会の全体会議にて（2017年1月，筆者撮影）

私は展示会開催の約一年半前、資料を探してエル・ライブラリーを訪問した。その際、館長の谷合佳代子さんから展示会の開催をうかがって、実行委員会の存在を知った。その場ですぐに入会させていただき、参加することになった。入会後の顔合わせの時には、「若い世代」ということで、めずらしがってもらえた。普段、大学で教えたり、ゼミに出ていたりすると、一〇代後半や二〇代の学生・院生に接する機会が多い。三〇代の私には「若い」という感覚は、遠い昔のことのように思えていた。だが、この会では私が一番若手になり、平均年齢をぐんと下げることに一役買った。展示の詳細はこれから決めるという時期に入会できるとは、何と運がいいのだろう。準備段階から参加できるし、この活動を追いながら、フィールドワークができるのはないか。現場である三池に出向いて調査する以外に、しかも関西で大学に行きながら通えるのはありがたい。特に、三池出身の関西移住者についての手がかりが得られるかもしれない。

実は私が関西方面に移住した労働者・家族の存在を知ったのは、今回が最初ではない。およそ一〇年前である修士課程の時には、すでに知り得ていた情報であった。実行委員のひとりである前川俊行さんが発行している小冊子やホームページ「異風者からの通信」で半生がつづられているのを見たからだ。しかし当時、三池炭鉱と関西移住者については、気になってはいたものの途中で行き詰まってしまっていた。そして続行は困難と判断して、そのまま時間が過ぎていた。ところが展示会ではまさに、関西への移住をテーマに扱うという。私は意気込んでのぞんだ。

2　展示会開催までの多数の協力と「できることは、自分たちでまかなう」

今回の展示会は、通常とは異なる特徴がある。一般的に博物館の展示は学芸員や研究者などの専門家が主導し、展示内容を決定して、展示品を取捨選択する。その際、専門家が関係者にお話をうかがう方法をとる場合もある。しかし今回は、関係者である三池出身者を、企画段階の当初から交えて展示内容を決め、展示全体を体験者と専門家の双方で作り上げていった。参加度によって比重の違いはあるものの、両者の垣根はあまり感じなかった。体験者と専門家の両者が立ち会うか、合意の上で行うのが原則である。このことは、専門家が主導になりがちな展示を回避できる。さらに体験者は展示したいことを直接、要望したり、意見をしたりすることができるのだ。

むしろその分、三池出身者が関わるウエイトは大きい。ひとくちに展示の準備といっても、その内容は多岐にわたる。一例を挙げると、展示テーマの決定、展示物の選定、三池にある資料の貸出交渉、展示パネルの作成、写真の撮影、図録・リーフレットの制作、会場の説明板・キャプション作成など。会のメンバーはこれらに全て関わる。各自で移住者の自宅にある写真・持ち物をリストアップしたり、担当する展示物を収集したり、展示説明や図録を執筆したりした。さすがに図録・リーフレットの印刷や大型展示物の運搬などは限界があり、外部に依頼する。だが極力できることは、自分たちでまかなう。展示物の運搬や陳列・撤収も、協力を得ながら自分たちと周辺の協力で行った。

さらに展示期間中には会場の巡視やガイド、企画イベント等の司会、催しの実演なども自分たちで担当する。頼まれればガイドをこなし、質疑応答にも応じる。実行委員は皆、仕事のない時間帯・休日には積極的に会場を訪れた。文字通り、何から何まで自分たちで展示会の全てに関わるのだ。

もちろん、一一名の実行委員会だけでは到底、できない部分も存在する。展示にあたっては、開催費用は多数の方からの寄付金でまかなっている。賛同してもらえなければ、まず展示会が開催できない。イベントの開催や詳細情報、経過や会計報告はホームページやフェイスブックで公開した。実行委員会には所属していないものの、現地の三池や全国（特に九州）の炭鉱博物館・資料館からは資料提供や貸出、展示のアドバイスをいただいた。イベント開催や映像上映ではゲスト講師が、展示会での受付・巡回には、募集したボランティアが活躍した。彼らがいなければ物理的・時間的に規模の縮小は余儀なくされ、かつひとりよがりの展示会となっていたかもしれない。実行委員以外の他の展示の専門家、他の三池出身者、三池の現居住者、近隣の市民ボランティアなどの視点も取り入れて、多数の協力を得て開催できた展示会であった。

この時期に関西という場所で、三池炭鉱の展示会が企画・実現できたのは、閉山から二〇年の節目であることと、展示の一部に関西との関わりや三池炭鉱での生活の視点を扱ったからであった。実行委員の中には、一九五九〜六〇年の三池争議や一九六三年の三川坑炭じん爆発事故を経て、親の仕事の都合により家族で移住した者、もしくは自身の進学や就職によって離郷して関西に移住してきた人々が含まれる。私が感じたのは、彼らの展示会にかける並々ならぬ力の入れようである。活動に対して彼らの熱意は私の想像以上に強かった。その尋常ではない熱意は、もはやライフワークともいうべきもので、当事者の探究心は研究者と種類が似ているようで異なる。当初はその熱意を共有できると思っていた。だが私は、そこに距離を感じてしまった。

3　彼らの熱意はどこから来るのか

実行委員の三池出身者は展示会が最初の活動だったのではなく、展示会までにすでに活動歴が

展示会の一コマ（2017年5月，筆者撮影）

ある。彼らの活動歴は、一九九〇年代末、特に一九九七年の三池炭鉱閉山とその前後から、顕著になっていった。活動は個々人の関心・得意分野にもとづき行っている。現地への探訪、刊行・未刊行資料や当時の使用品の収集活動、他の移住体験者との交流、体験の記録収集など積極的な活動をしている。また、体験をモチーフにした詩や絵本、紙芝居の制作・朗読、文章による表現、ホームページの立ち上げ、活動の報告、冊子づくりや配布も行なっている。

展示会もこうした活動の一部であり、彼らの保ち続けている熱意と関わっているはずである。今回の展示会よりも前から、彼らの中には、ずっと故郷である三池に対して思うところがあり、常にそれを表現活動で表明していた。ある者は家族との死別、インターネット開設などの出来事が、ある者は他の三池炭鉱の展示会を見たことが、会の参加の契機となっている。またある者は今回の展示会開催をきっかけとしている。これまでの自身の活動、職業技術、培ってきた人脈などを、今回の展示会でいかんなく発揮していた。

しかし個人や小集団で行ってきた活動歴がある者でも、これまでと今回の展示会では、準備期間、規模の大きさ等が異なる。いずれも、それ以上のものであった。それだけでなく、展示の一部である三池出身で関西に移住したことが少なからず関係している。特に自分たちの半生や体験を展示にすることは、否応なしに自分と家族、そして移住について思い出し、文字や地図・パネルで再現して表明することをさす。これらが展示への熱心さに意識せずともエネルギーとなっていると思われる。

彼らの熱心さをノスタルジーや定年後の生きがい、地域の取り組みといえばそれまでだ。だが、その取り組み内容は並大抵のものではない。展示を見ると、子どもたちによる詩や文集の制作、演劇や小説、マンガ、絵画などの作品を通して、地域全体で多くの活動に慣れ親しんでいたことが分かる。争議前に興隆した文化活動は、移住前の三池では活発に行われ、特に社宅生活で育まれ、幼少期からの習慣になっていたという。しかも争議のころは、子どもたちも親の姿を見る。あらゆる人々がそれぞれの手段で、自分の意志を表明していた社会状況であった。

その意味で、彼らの考える三池（炭鉱）とは、関西に移住する前の三池であり、関西に移住してから離れた関係になってしまった三池である。そしてそれまでの三池との関係は、合理化を契機に、崩されていった。移住は親の転勤、就職もしくは進学による離郷が理由である。家族の都合でやむを得ず、三池を離れざるを得なかったこと、今は生家が三池に残っていないこと、実家は三池にあっても閉山前後の地域変化に戸惑いを持つことなど。移住すれば現在の居住地に慣れて、かつての記憶はだんだん薄れていくものではないのか。だが、どうもそうではないらしい。いや、薄れていたが、立坑《たてこう》（通気や運搬用に地下と地上をつなぐ炭鉱坑道・施設のひとつ）解体や閉山のニュースを見て、これまでの展示から、家族の死別などの自分以外の何かをきっかけに個人の記憶がよみがえる。そして活動を始めるととどまるどころか、だんだん勢いが増している。

彼らの活動歴や内容を見ると、資料収集や表現活動のそれ自体は、フィールドワークのようであるし、厳密な方法は違えども重なる部分はある。実行委員会ではそれが功を奏して、展示に対する双方の意見が相乗効果をもたらすのだ。だが、三池出身者と専門家の両者は展示会を成功させる目的は同じだが、見せ方やアプローチが異なる。展示会の前から培われた表現手段と三池との離郷・移住という体験が、私の思う彼らの熱意とは何かに影響していると思えた。

4　「三池にいる人以外」で三池を見る視点

さて、出発点に立ち返る。メンバーのもつ熱意とは何か。それは、三池炭鉱での生活から現在までの自分や家族の人生の意味を、活動を手がかりに何とかして見つけようとすることである。これは簡単に見つかるはずもない。しかし、その活動を止めたからといって解決するわけではない。ゆえに時間や労力を割いてでも、絶えず探し続けるしかないのだ。

会では「あなたのテーマは？　三池炭鉱のどこに関心があるのか？」という質問を、メンバーからよくいただいた。そのたびに一通り説明する。文化財・世界遺産としての三池炭鉱、付随する活動としてあらわれた博物館での展示、文化遺産をきっかけとして観光ブームになる新しい視点など。どれも説明するが、しばらくするとやはり最初の質問がくり返される。

もし私が三池出身者なら、彼らの熱意を気にとめることなく、無意識にその関心を共有できただろうか。あるいは鉄道や廃線が好きで炭鉱電車に関心があり、工場や廃墟マニアなら炭鉱跡に興味があるといえば、分かりやすかったのかもしれない。だが、彼らとは世代が異なり、閉山後の文化財登録や世界遺産などの新たな動向としての三池炭鉱、その取り組みや炭鉱跡の保存を関心のきっかけとする私は、自分の問題関心を彼らに伝えるのが難しく感じた。彼らと異なる見方が伝われば、世代の異なる「若い」フィールドワーカーとしての役割を果たしたかもしれない。展示会や取り組みを調査対象としてフィールドワークをしてきたつもりであった。だから、実行委員会に入り、展示に携われたらと思ったのだ。

三池出身者にとっては、三池炭鉱は文化財や世界遺産の場所ではなく、生活する・生活していた場所である。例えると観光客はその場所を観光地として捉えるが、住民にとっては生活圏の一部としてその場所があるようなものだ。そして彼らのアプローチは半生や体験にもとづくものである。このことは「あなたのテーマに生活する場所としての三池炭鉱は入っているのか？」という視点を私に投げかけていた。三池を見る視点で「三池にいる人以外」の私が彼らを通して、発見できたことである。

では、実行委員会の中にいながら、彼ら移住者と関心の方向が異なることが悪く作用したかといえばそうではない。むしろ逆である。三池出身者の写真や持ち物からエピソードを双方でまとめ、当時の地図をもとにパネルに再現したことは、展示から生き生きとよく伝わってきた。さらに、彼らが文章を書いたり、語り口をもとに学芸員らと話をまとめたりといったアプローチで、社宅の生活体験を展示した。このことは観衆に新たな見方を開き、統計データや専門資料とともに実際の生活の様子を取り入れた、全体像をもたせた展示となったはずである。

❖参照文献

エル・ライブラリー（大阪産業労働資料館）「炭鉱の記憶と関西――三池炭鉱閉山二〇年展」http://shaunkyo.jp/events_past/（二〇一八年五月一〇日閲覧）。
前川俊行さんのホームページ「異風者からの通信」http://www.miike-coalmine.org/（二〇一八年五月一〇日閲覧）。

地格 場所の「人格」について

［ブルキナファソ］

中尾世治

西アフリカのブルキナファソの片田舎のサファネという町に、サンサンコロという地区がある。もともと、木々が生い茂っていたため、藪という意味で付けられた地区の名前だ。調査をしていたダフィンという民族の住む地域のなかでは、サファネは古くからムスリムが住み始めた町として知られている。日々の礼拝のためのモスクが町や村のなかにいくつかあるところでは、金曜日の集団礼拝をおこなうひときわ目立つ大モスクがあり、サファネの大モスクもなかなかの見栄えである。

モスクでは集団礼拝がおこなわれる。この集団礼拝の際に、最前列で礼拝の手本を示す人物がイマームである。この地域では、モスクの創設者の子孫のなかから最もふさわしい人物――多くの場合は、最年長者――が選ばれる。サファネの大モスクのイマームは、サコの一族によって世襲されてきた。「サコは昔、サンサンコロと呼ばれていたのだ」。サファネの現在の土地の主（町の創始者の末裔）はそう語り始めた。昔々、サファネの子どもたちが次々に病気にかかり、家畜も

サファネの大モスク

バタバタと倒れてしまったとき、マラブー（ムスリムの呪術師・学者）であったサコの祖先がサファネを通りがかった。サファネの人びとは、町の一角にある木々の生い茂るサンサンコロにジン（イスラームの精霊）がいて、悪さをするので、何とかしてほしいとマラブーであるサコに頼み込んだ。サコがサンサンコロに入るなり、ジンは消え去り、祈禱をし、祝福を与えると、そのあとの三年間、誰も死ぬことはなかった。人びとはサコを引き留め、こうしてサコはいまの大モスクをつくって、サファネに留まることになったのだ。

　大モスクのイマームもまた、同じような話を語った。大きく異なる点はサンサンコロでの祈禱のディテールである。サコがサンサンコロに入って四〇日間も祈禱を行った。四〇日目になると、大火が燃え上がり、動物たちがいっせいに鳴き声をあげ、町のあらゆる土器とヒョウタンが粉々に割れて、ジンが去ったのである！

私はサファネの周辺の村々で、こうしたそれぞれの村についての口頭伝承を聞いてまわった。村がどのように始まったのか、サコのようなマラブーがどのように村に住むようになったのか等々を教えてもらった。

調査助手のスワロが運転するバイクの後ろに乗ってあちこちを行ったり来たりした。半日以上かけてやってきても、口頭伝承の部分はものの一〇分程度で終わってしまうこともしばしばあった。「亡くなったじいさんは知っていたけど……」という場合もあったが、そもそも特に華々しいエピソードがないということもよくあった。これも場合によりけりであるが、一般的には、新しい村ほど、そうしたエピソードに欠いていた印象がある。

このような「ふつうの」村と比べると、サファネは、やはり、別格であった。交通のアクセスがそれほどよくはなく、観光客はほとんどいないものの、ダフィンの人であればサファネが古い町であることぐらいは誰でも知っている。当然ながら、こうした由緒ある歴史をもった町は多くないのである。

とはいえ、知る人ぞ知る古い村というものもある。シラロというサファネからほど遠くない村もその一つであった。シラロの村に着き、大モスクのイマームに会い、この地のイスラームがい

シラロの大モスク

かに発展してきたのかを知るために来た旨を説明すると、イマームは目の色を変えて喜んだ。「あまり知られてはいないが、シラロはイスラームの古い村なのだ」。

シラロの大モスクのイマームの一族の名は、フォファナである。マラブーのフォファナの祖先がシラロに来たとき、村にはある問題があった。大地を掘れども掘れども、水が湧かないのである。村の土地の主は、フォファナにどうにかならないか頼み込んだ。フォファナは快諾すると、祈禱を捧げたのちに、あらためて大地を掘るように言った。すると、すぐに水が得られ、井戸ができあがったのだ。

マラブーが村に住み着く際に村の問題を解決する奇跡を起こすという奇跡譚は、ダフィンのなかでは実のところあまり多くない。もちろん、西アフリカ内陸全体でみれば、こうした奇跡譚はありふれたものではあるが、やはり、何か謂われのある村や町でしか語られないのである。ともあれ、シラロの大モスクのイマームは、さきに言及した町のサファネに関連した話を続けていった。

「サファネの土地の主は、（シラロのフォファナが先述の井戸の問題を解決したという）この話を聞いてシラロの土地の主に人を遣わせた。使いの者が事の真偽を確かめると、『余所者が来て、ここに住んでいるのだが、彼のおかげで水を得ることができるようになった。彼の名前はラーシナ・フォファナという』とシラロの土地の主は話した。使いの者はシラロの土地の主に言った。『サファネのサンサンコロというところに多くの獣が棲んでおり、人々を殺して問題となっています。ラーシナ・フォファナという人をサファネに呼び寄せるわけにはいかないでしょうか』。そこで、シラロの土地の主は使いの者をラーシナのところへ案内した。ラーシナはこのことを聞いて、『自分にはサファネにいく時間がないのですが、代わりにベレを遣わしましょう』と言った。そして、ベレはサファネのサンサンコロに赴き、祝福を行った。すると、獣たちはみな逃げていった。ベレは、人びとにベレ・サンサンコロと呼ばれて尊敬され、偉大なマラブーになった。サファネとシラロ（のイスラーム）はもともと同じようなものであるが、今日ではこのことを知られていない」。

シラロのイマームの口頭伝承は、サファネで語られたものに対する異伝である。現在では、この地域に住むダフィンという民族のなかでは著名な町となっているサファネのイスラームの起源が、もともとはシラロにあったのだという主張を含んだ語りである。「こう言われているのだが、本当は……」とは、異伝の最も基本的な形式であろう。世界に流布する陰謀論、あるいは、問題提起をするアカデミックな議論もまた同様である。

しかし、シラロのイマームの口頭伝承が、まったく謂れのないものというわけでもない。サファネの大モスクのイマームによる語りでは、シラロについてはまったく言及がなかったのだが、サファネの土地の主の口頭伝承ではサコはシラロを通ってサファネに来たと伝えていたのだ。

つまり、サンサンコロでの奇跡をめぐる口頭伝承には、三つのパターンがあることをみてとることができる。

（一）サファネの大モスクのイマーム：サコがサファネのサンサンコロに来て奇跡をおこした。

（二）サファネの土地の主：サコはシラロを通りサファネのサンサンコロに来て奇跡をおこした。

（三）シラロの大モスクのイマーム：シラロのフォファナから派遣されたベレがサファネのサンサンコロに来て奇跡をおこした。

語り手の立場によって、語られる歴史が異なることは当然である。しかし、重要な点は、三者ともサンサンコロでの奇跡という逸話を共有していることである。さらに、サンサンコロの奇跡の内容はサンサンコロという場所と不可分な関係にある。

奇跡は藪でおきた。この点を見逃すことはできない。藪には特定の意味づけがあるからだ。藪は、人間の居住する空間とは離れた自然、超越的な力の存在する場所として、位置づけられるのである。実際のところ、藪はイスラーム到来以前の在来宗教による崇拝物と供犠がおこなわれる場所であった。一九九〇年代頃から、この地域の大半の村ではムスリムがマジョリティとなっていったため、こうした供犠をおこなう人たちはいなくなったと語られた（一方で、陰ではやっているのだと語られもしたが）。

ともあれ、サンサンコロの奇跡とは、イスラームが非イスラームと対峙し勝利するという奇跡譚である。マラブーがやってきて、猛獣やジンの住処――非イスラーム的な力の宿る場所――である藪で祈禱や祝福をおこない、イスラームの力によって非イスラーム的な力を追い払う、これがこの奇跡譚の基本構造である。

また脱線するが、同じような内容の逸話を、ブルキナファソの別の都市で私は聞くことになった。サファネから南西に一〇〇キロ以上離れたところに、ブルキナファソ第二の都市のボボ・ジュラソがある。ボボ・ジュラソには、一九世紀末に建てられた立派なモスクがある。こちらはサファネと違い、世界中から観光客が訪れる観光スポットである（とはいえ、近年の隣国マリの治安状況の悪化により、観光客はまばらなのだが）。

この大モスクも、サファネの大モスクと同様に、かつては藪であったところに建てられたのだという。猛獣とジンが住み着き、供犠がおこなわれていた――「木を切ると、そこから血がほとばしった！」という――藪でモスクを建てることになるマラブーが祈禱と祝福をおこない、藪をみなで切り拓き、大モスクを建てたのだという。私がボボ・ジュラソの大モスクの現在のイマームから聞いた話、一九八〇年代の先行研究でかつてのイマームから語られたもの、あるいは一九五〇年代の行政文書にある記述はおおよそこうした内容を共有している。

ここでは、イスラームが非イスラームと対峙し勝利する、という基本構造だけではなく、藪、猛獣、ジン、マラブー、祈禱―祝福、という基本的な要素も共有されている。しかし、両者を比較して、決定的に重要な点は、サンサンコロの場合、元来藪を意味したというサンサンコロという地名に、この逸話そのものが埋め込まれているということである。

サンサンコロの奇跡譚は、単なる奇跡譚ではない。サンサンコロという場所で、まさにそこで生じた奇跡であり、その奇跡はサンサンコロ（藪）という意味と切り離すことができないのだ。

ここまできて、ようやく、タイトルに掲げた私の奇妙な造語である地格の話にたどりつく。サンサンコロという地名は、単なる場所の名前ではなく、特定の物語り（narrative）と不可分に結びつき、ダフィンのなかでも権威のある大モスクのあるところという現在のその場所の役割と意味をもった「人格」のような地格ともいうべきものである、というのが私の主張である（出来事〔event〕が「名前をもつ」ことによって、「出来事を言語的に指示し、その同一性や出来事間の関係について語りうる」〔野家　二〇〇五：三一一〕だけではなく、固有名に言及しなくては、物語りのネットワークに入り込めないように思われるが、ここでは歴史＝物語り論の読み換えには踏み込まない）。

フランス人類学の父であるマルセル・モースは、「人格」を人類学のテーマとして理論的に論じた最初の人物である。「人格」とはなんらかの社会的な「人物＝役割」を伴うこと、こうした「人格」は自律した自由意志によって自己完結した「個人」に還元できないこと、そして、固有名によって名指される「自己」は、特定の「人物＝役割」を担う「人格」と不可分であること、これらを「未開社会」と「古代社会」を事例にモースは指摘したのである〔モース　一九九五〕。

もっとも、これらは「未開社会」や「古代社会」に限定されない。自分自身が誰かの「子」、「隣人」、「父親」、「会社員」、「部下」、「まじめキャラ」、「いじられキャラ」等々の特定の「人物＝役割」を複合的にもった「人格」であると考えれば、それほど、奇異な主張とは思われないだろう。たとえば、タモリという固有名は、過去の逸話や振る舞いが積み重なった「人物＝役割」を体現する「人格」を指し、テレビ番組内（仕事場）での彼の「人物＝役割」を規定している。タモリといえば、「ああ、こういう人物だな」という想定がなされるだろう。つまり、タモリという固有名は「人格」と不可分なインデックスとなっている。そして、こうした説明は、タモリという固有名を別のテレビタレントの固有名に置き換えても可能であり、あなた自身や知り合いの固有名でも同様である（人名の固有名についてのインデックス性については、浜本満〔二〇〇六〕においてより厳密に論じられている）。

私は、地名にも、こうした「人格」に相当するものがあると考えている。サンサンコロという地名は、かつての藪と藪のなかでのマラブーの奇跡という逸話を不可分にもったものであると同時に、その逸話の結果として、ダフィンのなかでのイスラームの権威ある大モスクが存在する地区という社会的な位置づけをもった場所を名指しているからである。このように、人類学のいうところの「人格」概念を地名に拡張させたもの――特定の固有名によって、インデックス化されて、過去の逸話と現在の役割を体現し、それらを喚起させる地名――を地格と呼びたい。

特定の場所にその地形や歴史的経緯が重ね合わさることで、その場所固有のものが生じることはゲニウス・ロキ（地霊）や生きられた場所［レルフ　一九九九］などといった語によって表現されてきた。地格もまた、こうした語の指すものと重なるが、場所性といった概念は固有名がインデックスとして果たす役割について十分に焦点化されてこなかった。サンサンコロはその場所それ自体に固有性をもっているが、重要な点はその固有性についてサファネやシラロの大モスクのイマームがこぞって言及することにある。特定の場所それ自体の固有性だけではなく、その場所が特定の出来事と結びついた固有名としての地名をもち、その地名を言及することで特定の出来事への結びつきを想起させるもの、これが地格である。

土地や場所の「人格」というと、特定の場所を擬人化して捉えることだけを指すように思われてしまうかもしれない。これも地格の一つのあり方ではあるが、サンサンコロの事例のように必ずしも擬人化は必須ではない。どちらかといえば、社会的なイメージや役割を喚起させるような固有名が「人格」と地格の共通項である。固有名による認知のあり方は、現生人類の認知能力を基盤としているものと思われるが、固有名への社会的なイメージや役割の付与は社会生活による認知能力の拡張の結果であろう（ホミニゼーションの過程でインデックス的な学習が先行していたとする議論については、ディーコン［一九九九］と浜本［二〇〇六］を参照。ただし、ここでは、人類進化ではなく、社会進化として定住化以降に地格が増加したであろうことを想定している。そして、これはヒトの認知能力と人間の社会生活との共進化として考えることができるように思われる）。

もっとも、サンサンコロのように、過去の逸話と現在の役割が一致している地格はそれほど一般的ではないのかもしれない。ダフィンの村では、ほとんどの場合、村の名前は村の起源譚と結びついている。たとえば、私の住んでいたシウ村の起源譚ではこうだ。村の創設者となる人物が新しい土地を求めて放浪していると、農耕に適したいい土地をみつけて、こう言った。「ここに住もう！」（インシアシウ！）。こうして、この村はシウ村と呼ぶようになった。村の名前と、村に住むようになったときにおこった逸話は、ほとんどの場合、セットとなっている。こうした村の名前も地格を有しているといえるが、現在の村の地域的・社会的な役割は、村の名前の逸話とは何ら関係がない。すべての土地が、サンサンコロのような劇的な逸話とセットになったダフィンのイスラームの権威ある場所という地域的役割をもっているわけではないのだ。

ともあれ、地格は私の調査地に限定されるものではない。たとえば、東京という固有名が、そこで生じた／生じている種々の過去の逸話や、寂しい都会や華やかな都会といったイメージを喚起させ、巨大な都市としての現在の役割を体現するような地格であることを考えれば、「人格」と同様に地域的・文化的な差異はありつつも、普遍的なものである。

歴史の語りでいえば、英雄や伝説的人物などといった「歴史的人格」はさまざまな語りのなかで集中して言及されるのと同様に、首都や商都などといった「歴史的地格」もまた多くの言及を集める（「歴史的人格」概念については、坂井［二〇〇九］が類似した論点をまとめている）。こうした「人格」や地格には、語りを引き寄せる磁場をもつものがある。たとえば、フィクションも含めて、キリストという「歴史的人格」について書かれた膨大な書物があることと同様に、ニューヨークという地格についても、その場所をめぐってあまたの書かれたものがあるだろう。特定の「人格」や地格は、人びとを惹きつけ、語りを増殖させる。歴史小説や偽書などは磁場に引きつけられた最たるものである。これらに着目することで、歴史の語りのネットワークがどのように構成され、地域ごとの歴史の語りがどのような特徴を有するのかも明らかになるだろう。こうして地格概念はフィールドから歴史研究一般へと展開するのである。

❖参照文献

坂井信三　二〇〇九「歴史の叙述と社会の記述――社会人類学における歴史的人格の位置づけをめぐって」（『社会人類学年報』三五、一―三一頁）。
ディーコン、テレンス　一九九九『ヒトはいかにして人となったか――言語と脳の共進化』金子隆芳訳、新曜社。
野家啓一　二〇〇五『物語の哲学』岩波書店。
浜本満　二〇〇六「名前と指示：人類学的省察」（『九州大学大学院教育学研究紀要』五一、六一―八四頁）。
モース、マルセル　一九九五「人間精神の一カテゴリー――人格（パーソン）の概念および自我の概念」（マイクル・カリザス、スティーヴン・コリンズ、スティーヴン・ルークス編『人というカテゴリー』厚東洋輔・中島道男・中村牧子訳、紀伊國屋書店、一五一五八頁)。

レルフ、エドワード　一九九九『場所の現象学』高野岳彦・阿部隆・石山美也子訳、筑摩書房。

第Ⅲ部

変わること、関わり続けること

フィールドワーカーの人間関係

称号とともに生きる　変わっていくわたしとポーンペイ島民

［ミクロネシア連邦］

河野正治

「こんにちは、ソウリック」（kaselehlie Soulik）、「さようなら、クロウン」（kaselehlie Kiroun）。グアムやサイパンの南、赤道の少し北に位置するポーンペイ島（ミクロネシア連邦という国家の一部）では、島民たちが「ソウリック」や「クロウン」などの伝統的な称号を交えて互いにあいさつをするという、独特のコミュニケーション作法がみられる。

人口三万五〇〇〇人程度のポーンペイ島では、成人男性のほとんどが、それぞれにランキングの付いた称号をもっている。島民たちはおたがいの称号のランキングを気にしながら、社会的な生活をおくる。ランキングの頂点には、ナーンマルキと呼ばれる王がいる。学術的な用語では「最高首長」（paramount chief）ともいう。二一世紀の現在において王を中心とする伝統的な政治体制がどのように現地社会に息づいているのか、わたしはそのような関心からポーンペイ島で研究することを選んだ。

しかし、そういった関心は、研究開始当初には芽生えていなかった。学部時代にはじめて文化人類学の世界にふれたわたしは、日本国内でフィールドワークの練習をするなかで、人と人のつきあいが比較的みえやすい小さな島でフィールドワークをしたいと感じるようになった。そこで目をつけたのが、小さな島じまからなるミクロネシアだった。

いまからおもえば、学問的な動機としては希薄なものである。それでも、大学院に入ったわたしは、ミクロネシアをじっさいに訪れたり、書物や論文を手あたり次第に読んだりしながら、研究テーマをさぐった。そのなかでも、「名誉のハイアラーキー」［清水 一九九五］と呼ばれるポーンペイ島の階層的な社会構成や、その基礎となる称号のランキングは、貴賤や人間の上下はいかにつくられるのかという問いとともに、わたしの関心を誘った。

当時のわたしはこのようにして、称号のランキングがどのように成り立っているのか、島民たちがランキングなるものといかにつきあって生きているのかという点に、研究の焦点をあてるようになった。おもえば、沖縄のある島でおこなった卒業論文のフィールドワークでも、住民たちの上下関係をあらわす習慣として乾杯の作法をとりあげていた。わたしの漠然とした関心は、無意識のうちにひとつにつながっていたのかもしれない。結局、ポーンペイ島でのフィールドワークは二〇〇九年から二〇一二年までのあいだに計二五カ月を数えた。

二〇〇九年二月、ポーンペイ島に降り立ったわたしは、事前に得ていた情報をもとに、島内に住む日本人に会って調査目的を伝え、島民たちを紹介してもらった。そこではじめて出会ったポーンペイ島民は、日本に滞在した経験があり、日本語に堪能なエルチャーという男性（当時四八歳）とかれの家族だった。およそ二週間と短い滞在ではあったが、エルチャーはわたしが伝統的な政治体制や称号のランキングに関心を寄せていることを知ると、すぐ隣の世帯に住むベニートという男性（当時五九歳）を紹介してくれた。ベニートはエルチャーの兄であり、アワクポウエという村を治める首長だった。ポーンペイ島には一五四の村がある。村は王国（首長国とも呼ばれる）の縮小版だ。王が王国のランキングの頂点に君臨するのと同じように、村の首長は村内の称号ランキングの頂点に位置する。村内の称号は村の首長から村人にさずけられる。わたしはフィールドワークの多くの期間をベニートの世帯で過ごし、ときにベニートの「息子」としてあつかわれた。

ポーンペイ島の王や首長は派手に着飾ることはない。日本人のわたしからみて、ふつうのおじいさんやおじさんにしか見えない男たちは、祭宴のなかで施されるさまざまな仕掛けによって〝高貴な人物〟のように見えてくる。コの字型の祭宴堂の奥間に王や首長が座るという座席の取りきめ、王や首長に優先的に提供される軽食、高位者にたいする敬語の使用、演説のなかでの称号への言及。なかでも、人びとが持ってきた家畜や農作物を、称号の順位にそって大きな物から順に人びとに与えなおすという再分配の仕掛けは、順位にしたがって人びとの称号をアナウンスする「呼び上げ」の所作をともない、称号の明確なランキングを人びとにあらためて意識させる。

祭宴は、王や首長にたいする食物献上の機会のみならず、冠婚葬祭や親族の集まりを含め、さまざまな機会にもよおされる。フィールドワークを開始してまもないわたしは、称号のランキングにかかわる出来事を観察するため、できるだけ多く祭宴に足を運びたいと考えていた。さまざまな人物のもとを訪問して聞き取り調査をする計画も立てていた。そんなわたしを見て、ベニートは「外国人が何の用だ」とならないよう、ポーンペイ語を十分に操れるようになるまでは、ベニート一家以外の人物への訪問や、祭りや葬式への参加を控えるようにとわたしに告げた。本格的な調査を早く開始したかったわたしにとって、この助言はただただ困惑するものでしかなかった。それでも、わたしはしばらくのあいだ、この助言にしたがい、できるかぎり外出を控えるようにした。

島でしか通用しない現地のことば、ポーンペイ語を教えてくれたのは、大人たちではなく、小さな子どもたちだった。当時のベニート一家は三世代・一五人を抱える大所帯であり、わたしはベニートの孫にあたる七人の子どもたちと生活をともにしていた。外出を控えるようにと言われていたわたしであったが、子どもたちと遊びながらポーンペイ語を習得していくプロセスはじつに楽しいものであった。

そんな日々をおくっていたわたしであったが、滞在三カ月目を数えるころに転機が訪れた。リータ（ベニートの息子の妻）の父が亡くなり、わたしもお通夜に顔を出すことになったのだ。わたしはリータと一緒に家屋のなかでご遺体に対面し、まわりの親族とともに祈りをささげた。しばらくして、わたしは家屋のとなりにある祭宴堂へと足を運んだ。そのときだった。リータの親戚の男がわたしをいぶかしげににらみつけ、「何で外国人（mehn waii）がいるんだ」と言いはなっ

祭宴に集まる人びとと展示されるヤムイモ。一年に一度の村の祭宴はヤムイモの収穫期と同じ時期にもよおされる

た。かれが発した「外国人」ということばは、お通夜という親族の集まりのなかで、当時のわたしがよそ者であったことを端的にあらわしていた。

どうしたら「外国人」とみられる状況に陥らずにすむのか。ベニートからは、家の外で島民と会うときには、なにか物を買って持っていくようにしなさいという助言を受けた。ベニートは、わたしがある人物のもとを訪問する場合は商店でパンを買うように指示し、べつの人物のもとを訪問する場合は市場で果物を買うように言った。「物を持って訪ねよ」というベニートの指示は、祭宴にもおよんだ。家畜や農作物をもたないわたしは、その代わりに、商店で買った品物をつめあわせたお盆などを持っていくことをすすめられた。わたしが物を持って祭宴に参加するようになると、島民たちはときに驚き、ときに喜びながら、わたしを祭宴の場にうけいれた。わたしは「外国人」というよそ者ではなく、ポーンペイ島民に近い存在としてうけいれられるようになってきたことを、少しずつ実感するようになった。

わたしが物を持って祭宴に参加するようになった一方で、島民たちは、称号をもたないわたしに物をどのように配ったらよいのかという、再分配のやり方に苦心していた。ほどなくして、わたしは、ポーンペイの称号の代わりに「日本の男」（ohl en Sapahn）と呼び上げられて物を分配されるようになった。かれらは、ベニートの称号ソウリック（Soulik）をわたしの称号に見立てて、わたしを「東京のソウリック」（Soulik en Tokyo）と呼び上げることもあった。「日本の男」や「東京のソウリック」という呼び上げを耳にした島民のなかには、かれら自身の伝統にあらためて価値をみいだす者もいた。

その一方で、わたしにたいして「あんたに位階称号があれば、『日本の男』と呼ばなくても済むんだよ」と言った島民もいた。それを聞いたベニート一家の人びとは話し合いを重ね、二〇一一年八月、わたしはベニートからクロウ・ウェニック（Kirou Wenik）という称号をさずけられた。このとき以来、わたしは称号を呼び上げられて、物を再分配されるようになった。

文化人類学者のロイ・ワグナー（Roy Wagner）は、研究対象の人びとを一種のフィールドワーカーととらえ、現地の人びとの思考には創造的な面があると主張している［ワグナー 二〇〇〇］。

ある島民の誕生日を祝う祭宴のために，わたしが用意したお盆。上からラップをかけてひとまとめにし，祭宴の会場まで持っていく

わたしのフィールドワークの場合、どのようにしたらポーンペイ島民にうけいれてもらえるのかと、わたしが悩んでいるあいだに、かれらはかれらで、わたしをどのように扱えばよいのかと思考をめぐらせていた。おたがいが思考と理解を積み重ねていたのである。「日本の男」や「東京のソウリック」という呼び上げも、かれらがポーンペイ島民と同じようにわたしをうけいれようと工夫を凝らした結果である。

じつは呼び上げという行為の創造的な面は、ポーンペイ島民にたいしても向けられることがある。わたしのフィールドワークでは、あらたに歳を重ねた者が「誕生日の者」(ipwidio) と呼び上げられたり、議会選挙の立候補者が「候補者」(candidate) と呼び上げられたりする姿がみられた。さまざまなことばを伴う呼び上げは、称号のランキングを見えるようにするだけではなく、それぞれの機会に応じて特定の人物をあらたに価値づける礼節の行為である。

遠く離れたポーンペイ島社会であるが、このような礼節のあり方について考えることは、わたしたちの生活とあながち関係がないとも言えない。日本社会における礼節は、たとえば歴史社会学者の池上英子が述べるように、洗練された語彙や所作とともに、見知らぬ他者とのコミュニケーションを可能にする「文法規則」［池上　二〇〇五］として人びとの交際を形づくるものである。こうした理解とは異なる礼節のあり方を、わたしはポーンペイ島でのフィールドワークをとおして見いだした。つまり、称号のランキングと応接作法を対応させる精緻な「文法規則」ではなく、機会と状況に応じて個々の人格にあらたな価値を認める創造的な「行為」にこそ、礼節の核心があることに気づいたのだ。

このような視点の転換は、わたしたちの交際文化の一要素である礼節というものを考えなおすことにつながる。わたしたちがおたがいにコミュニケーションをするなかで、さまざまな礼節の行為がじつは個々人や社会をあらたに価値づけているのかもしれない。価値創出の行為として礼節を考えるとしたら、わたしやあなたはみずからの行為をどのように見なおし、行動していけるのだろうか。文化人類学のフィールドワークは、学問的な発見や知的な喜びを伴いつつ、わたしたちが身近な日常をどのように生きていくのかについても示唆を与えてくれるものである。

わたしとかれらの関係には続きがある。二〇一二年一〇月、ベニート一家のすぐとなりに住むヤコブの一家で、あたらしいいのちが生まれた。ヤコブはベニートの弟であり、かれの娘のナンシーが男の子を病院で出産した。この男の子はヤコブによって「カワノ」と名づけられた。わたしが滞在していたときに男の子が生まれたら、わたしの名前にちなんで「カワノ」と名づけることに決めていたのだという。ちょうど、わたしが出国する一二月も迫っていた。ヤコブは、わたしが帰郷して寂しいかどうかをまわりから尋ねられ、ヤコブは「俺には（生まれたばかりの）カワノがいるから、お前はもういらない」と少し誇らしげに、少し寂しそうにそう言った。わたしはベニートやヤコブ、そしてわたしの名前がつけられた男の子らとしばしの別れを告げ、ポーンペイ島を後にした。

それから約三年の月日が流れた。二〇一六年三月、わたしはポーンペイ島を再訪し、一週間ほど現地に滞在した。その三年のあいだに、わたしの友人の何人かの島民が病気などで亡くなっていた。わたしは小さなブタを購入し、ベニートらと協力して、亡くなった親族を悼むための小規模な祭宴を開いた。この小さな祭宴で、わたしは亡くなった故人とのかかわりを中心とした弔いのことばを演説し、それに応えてベニートも演説をした。石焼きにされたブタ肉は故人の近親を中心に配られ、それぞれの家族がその日の夕食とした。わたしがポーンペイ語を忘れていなかったこと、現地の作法に則ってブタを供して演説をしたことを、かれらは口々に評価してくれた。わたしにとってのフィールドワークとはこのように、おたがいに試行錯誤とやりとりを重ねながらあらたな関係性を生みだすプロセスの連なりであり、そのなかでこそ学問的な発見も生まれるのだ。

短い滞在が終わって空港に向かう朝、ナンシーの双子の兄のマークが、三歳になったカワノを連れてわたしの見送りに来た。以前には元気な姿をみせていた島民が亡くなっていた一方で、前回の滞在時に生まれた男の子は確実に成長していた。カワノはマークに促されてわたしにバイバイと手をふった。次にカワノと会えるのはいつになるのだろうか。そのころ、かれはどんな風に成長しているのだろうか。

日本にいるわたしがクロウ・ウェニックという称号をもち、ポーンペイ島に住む小さな男の子がカワノという名前を背負って生きていく。他人の生活の一部におじゃまをし、そこから学問に必要な知識を得たからといって、フィールドワークという営みは必ずしもそこで終わりというわけではない。わたしがかれらから称号をもらい、わたしの存在が島の生活にちょっとした変化をもたらしたように、フィールドワークを起点に始まる関係性は、おたがいがおたがいに影響を与えあうようなものだ。わたし自身はといえば、ベニートの親族や成長したカワノがわたしを以前と同じように受け入れてくれるのかという不安を持ちながらも、かれらとの再会を心待ちにするばかりである。わたしとかれらとのかかわりは、ときに途切れ途切れになりながら、今後もゆるやかに続いていくのだろう。

❖参照文献

池上英子　二〇〇五『美と礼節の絆――日本における交際文化の政治的起源』ＮＴＴ出版。

清水昭俊　一九九五「名誉のハイアラーキー――ポーンペイの首長制」（清水昭俊編『洗練と粗野――社会を律する価値』東京大学出版会、四一－五五頁）。

ワグナー、ロイ　二〇〇〇『文化のインベンション』山﨑美恵・谷口佳子訳、玉川大学出版部。

芸術を知るために舟を漕ぐ　フィールドワークの思わぬ行先

［フィジー］

渡辺　文

1　「ラウ諸島へは行ったのか」

二〇〇四年から、私はフィジーの首都スヴァで、レッド・ウェーヴと呼ばれる画家集団の調査をしていた。フィジー、トンガ、ソロモン諸島、ナウル……といったそれぞれの国の違いを超え、オセアニアのすべての人々にとって「自分たちのものだ」と感じられるような芸術を創りだそうと一九九〇年代頃からフィジーで始まったレッド・ウェーヴの動きは、現在ではオセアニア芸術界のなかで一定の地位を誇るに至っている。私はアーティストたちと共に絵を描き、行動を共にし、寝食を共にし、約二五〇点の作品を分析し、かれらが身を置く脱植民地運動の思想について学び、次第にかれらの　員のように変容していった。いわば、フィールドワーカーが現地文化を「わかった」と感じるような瞬間を経験した。

しかし、そんななかでさまざまな人から頻繁に投げかけられる次の質問がずっと気にかかって

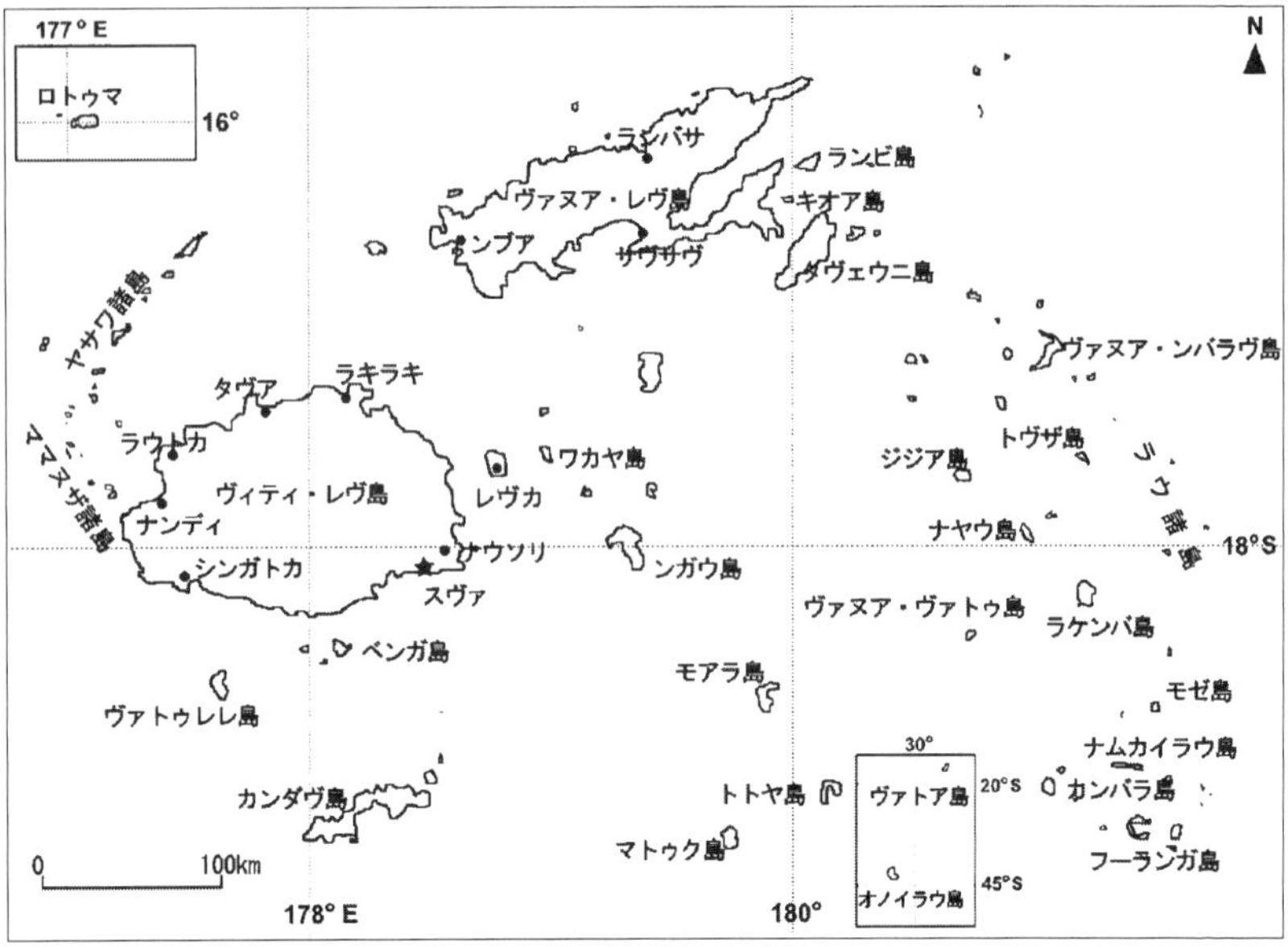

フィジー地図。フーランガ島は南東の端にある

いた。

「ラウ諸島へは行ったのか」

ラウ諸島とは、フィジー南東部に浮かぶ島々のことだ。フィジー独立後の初代首相を務めたラトゥ・カミセセ・マラの出身であるヴァヌアンバラヴ島という有力な島を有するほか、タパ布をはじめとする良質な伝統工芸品の生産地として名が高い。フィジーの芸術を知りたいのなら、背景にある伝統的な技術についても知っておけ、という意味だろうと理解し、その通りだと思った。

文献を調べていくうちに、ラウ諸島南部にあるフーランガ島という島には、木彫り技術に長けたチャファァウという氏族が定住している一方で、かれらに関する調査はいまだ十分になされていないこともわかってきた。そして、フーランガ島生まれの現代アーティストであるパウラ・リンガ氏からの紹介もあって、二〇〇六年、私はついにその島へ行ってみることにした。あくまでレッド・ウェーヴという現代アートを理解するための補足的調査という位置づけだった。伝統的な村落で「芸術」の痕跡を探してみたいという軽い気持ちだったように思う。しかしながら、フーランガ島での生活は、自分にとってオセアニアなる世界とそこで生まれる芸術を理解するための比類ない礎となった。本稿では、フィールドワークを通じて自分の想定外の事態へ巻き込まれていくなかからこそ、「内側からの見え方」が身についていくという点を中心に、フィールドワークの経験を記していきたい。

2 フーランガ島へ　離島における物資の不足、与えあうという日常

そもそもフーランガ島へのアクセスは非常に限られていて、必要物資を運ぶ首都スヴァからの定期船がおよそ一カ月に一度あるのみだ。周辺の島々へ帰省するフィジー人らも含めた総勢約三〇名とともに、私はフェリーというのも名ばかりの小船サンディー号へ乗りこんだ。女性や子どもは船内の小部屋で雑魚寝をし、男性は甲板で寝た。皆で魚を獲って調理しながらの長旅だった。揺れがひどく、恒常的な船酔いと必死でたたかいながらやっとフーランガ島に着いたのは、スヴァを出てから四日が過ぎた夜だった。フェリーは環礁帯の浅瀬に入っていけないため沖合に泊め、村からのカヌーの迎えを待った。

電気もなにもない真っ暗な村に、ぽつりぽつりと白い目が浮かんでいた光景を今でも思いだす。

面識をもつ知人など一人もいないなか、暗くて全貌が見渡せない浜辺を歩きながら、強い恐怖と不安を感じた。島民たちは島民たちで、異邦人の到着に明らかに戸惑っていて、遠巻きに私を取り囲んだ。ゆっくりと近づいてきた若い女性に、首都に暮らすパウラ・リンガ氏から託されていた手紙を渡すと、二時間ほど待たされたのち、首長の家屋へ通された。そこで、首都から持参していたカヴァ（嗜好飲料）の根や小麦粉、砂糖、タバコといった贈与品を差しだし、入村儀礼を終えると、私は父ンブリと母ラコの五人目の子として、村へ迎え入れられることとなった。

フーランガ島は土地面積約一八・五平方キロメートル、数時間もあればカヌーで一周できるほどの大きさで、三つの村がある。私が暮らし、前述のチャファウ氏族が定住するナイヴィンダム村はもっとも小さく、海沿いに建てられた家屋数一八戸、人口約八〇名、村人は摂取食物のほとんどを自給自足でまかなうという生活をしていた。サンゴ島という土壌の悪さから育つ作物は限られていたが、主食のイモ類やその葉、果物、毎日海から獲ってくる魚介類などを食べ、特別な日には鶏や豚を屠《ほふ》って、毎日を暮らした。

いわゆる文明の利器を欠いた生活に当初は大変苦しんだ。まず電気がない。暗闇の恐ろしさを学び、満月の明るい光を喜び、月の満ち欠けに敏感になった。太陽にしたがって行動する癖もついた。次に水がない。島内には川や池（淡水レンズ）もほぼなく、真水の入手は完全に雨水に頼っていた。しかし乾季にはそれも不足し、雨水はもっぱら飲用に確保され、それ以外の洗濯や水浴び、食器洗いはすべて海でおこなった。髪も衣服もいつも潮っぽく、不快な湿気を帯びていた。

水不足の時期。砂で鍋の汚れを擦りとり，海水で砂を落とす

電話線はおろか携帯電話の電波も通じていなかった。外部への連絡手段をいっさいもたないという不安は想像を上回るものだった。あるとき珊瑚礁で擦ってしまった足が膿み高熱にうなされた際には、病院に行けないどころか、息絶えたとしても日本にいる家族に連絡すら届かないのだと思うと、とても苦しい気持ちになった。

電気や水に限らず、概して離島にはあらゆるものがない。ある朝、子どもたちが浜辺でビーチバレーのような遊びをしていたので、いったいそのバレーボールがどこから来たのだろうと不思議に思って近づいてみると、フグの膨らんだ胃（膨張嚢）をボールにしていたというのには、「なるほど」とおおいに笑ってしまった。

この例のように、まず人々は限られた資源を最大活用する知恵に満ちている。いまや南の島イメージにかならず登場するココヤシも、島での生活では飾りでもなんでもなく、根以外のすべての部位が活用される。たとえば種子は水や油やココナッツミルクといった大変貴重な飲食物に、種子を覆う硬い殻は食器などに、繊維部分は縄に、大きな葉はゴザや籠や団扇などに、幹は木材などに利用される。

また物資の不足を補うべく、人々は日常的に互いへ物資を与えあうという習慣をもつ。たとえば村では通常の食事を世帯でまかなうが、そこにはかならずといってよいほど、隣近所からもらった食事が一品は加わる。食事時になると子どもたちが村内を練り歩き、食物をもらったり、渡したりする姿があちらこちらに見られる。このときおもしろいことに、「与える」と引き換えになにかを「もらう」ような、いわば物々交換という単純な形式は採られず、子どもたちはたとえば与えるためだけ、あるいはもらうためだけに、それぞれが歩きまわる。もちろん長期的にみれば、「交換」が成立していると分析することもできるが、その場においてかれらがおこなっているのは「与える」ことであって、交換はいわば与えることの連鎖として結果的に生じているにすぎない（人類学ではこれを贈与交換とよぶ）。

3　海という境界？

このような与えあうというネットワークは、島内だけでなく、近隣他島とのあいだや本島の都市部に住む親族とのあいだにも張りめぐらされている。「与えあうことをとおして人々が海を介したつながりを形成している」と説明することができるし、現にこれらの現象は人類学の贈与交換論において脚光を浴びてきたのだが、その実践は多くの困難に満ちている。ここからは、その困難についていてみていこう。

フーランガ島で暮らしはじめた当初、私は見渡すかぎりに広がるエメラルドグリーンの海が大好きだった。一歩海に入れば目を疑うほど色とりどりの魚や珊瑚が生息し、色彩とはなんて美しいものだろうと感動した。村人たちは漁や、近隣島の訪問と、毎日そんな海へ向かう。ある早朝のことだ。いつもどおり「父」のンブリの漁についていこうとすると、その日は大きい魚を獲るために沖まで出るが、天候が悪くなりそうなので私は村に残るようにと言われた。しかし私は、沖合漁法をそろそろ覚えたいという思いのなか、ぜひ一緒に行きたいとお願いした。合計六名で沖まで出る途中、イルカの群れが通った。イルカの神の力を受けていると名高いサイレシという男性が海に飛びこんで鳴声を出すと、イルカたちは近づいてきて、しばらく私たちのボートと一緒に進んだ。まるで夢のなかのような出来事だった。

しかしそれも束の間、ンブリの懸念どおり天候がどんどん悪化した。激しい雨が降りだし、三メートル先も見えないほどになった。波は高くなり、バーン、バーンとボートに打ちつけ、あっという間にボートを水浸しにした。雷が間断なく鳴りはじめ、いよいよ恐ろしくなり、私は必死にボートの縁にしがみついて丸くなっていた。結局、ンブリたちの航海技術と幸運とによって、無事に村まで帰り着いたものの、海に出るとは恐ろしい危険が伴うものだと学んだ。

沖へはこのような船外機付きボートで出ることがあるが，灯油不足で船外機を使えないことも多い

小さな離島での生活で身に沁みるのは、日常的にこのような海という「境界」を思い知らされることによる孤絶感だ。地続きであれば、「外」へはかならず歩いて辿り着ける。道中さまざまな困難もあるだろうし、移動距離は状況によって長短さまざまだろうが、少なくとも想像のうえでは、自分という身体があれば、かならず「ここ」は「外」へとつながっている。他方で海はけっして身ひとつで渡ることができない。私自身、舟がなければ絶対にここから出られないのだと思うと、なんとも苦しい気持ちになった。舟があり海に出られたとしても、上述のとおり、嵐に見舞われ舟から一歩でも投げだされれば、ひとたまりもない。海はそれほどに、島の暮らしのなかで圧倒的な境界として機能する。

4　島々をつなぐ海　生活に埋め込まれた芸術

しかしながら、だからこそ、人々は海を境界としてではなく、「むこうへとつなぐ場所」として捉えずにはいられなかった。オセアニアの人々は長きにわたってカヌーを作り、スターナヴィゲーションと呼ばれる航海技術を発達させ、歌や踊りをとおして海洋生物の生態を理解するような神話を伝承し、ときにはサイレシ氏のようにイルカに変容する術を習得し、仲間との協力関係を築き、海を渡ることのできる場所として認識するための、技術や心性を築いてきた。フーランガ島の位置するラウ諸島では、島間の伝統的な贈与交換体系が今でも息づいており、上述のとおり、人々はかなり頻繁に海を渡る日常を過ごしている。贈与交換で交わされるのは必要物資だけではない。かつて、トロブリアンド諸島のクラ交換を目にしたマリノフスキ（二〇一〇）は「たいした価値もないような装身具を与えるだけのために、人はどうしてこの広大で危険な海を渡り、命を懸けるというのだろうか」という疑問を調査の出発点としたわけだが、なんの変哲もないような木彫りがチャファウ氏族によって彫られ、ゴザや布などが女性たちによって作られ、交換されるのは、むしろ与えあうという行為を通じて、人々のつながりを構築するという効果を志向してのことなのだ。

贈与交換という現象がかれらの世界の根幹を支えていると考えるとき、芸術の痕跡を見出そうとしていた自分の当初の目論見は、根本から再考を迫られることになった。西ヨーロッパ近代という時空間に由来する狭義の「芸術」とは、使えるかどうかという有用性の指標ではなく、真偽性の指標でもなく、唯一、美しいかどうかという美的判断によってのみ規定される独立した自律的領域として発展した。たとえばマックス・ウェーバー（二〇〇五）はこのような経緯を、啓蒙思想をつうじた芸術の脱呪術化・合理化として説明した。それに対して贈与交換とは、マルセル・モース（二〇〇八）によれば、あらゆる種類の諸制度が一挙にあらわれる現象、すなわち「全体的社会現象」である。モースが引きあいに出す諸制度とは、宗教、法、道徳、経済、芸術だ。贈与交換においてはこれらの領域がすべて渾然一体となって駆動しているので、そこで用いられる工芸品を説明するにあたっては、たとえばその芸術的価値のみを取りだすわけにはいかない。フーランガ島のチャファウ氏族が作る木彫り芸術は、それが埋め込まれた贈与交換という全体的社会現象から抜き出して観察しては、その価値も意味も理解はできない。西ヨーロッパ流の自律的・独立的な芸術という見方を引き継いでいては、オセアニアで展開する芸術という総体を理解することはできなかったのだ。

このようにして私はフーランガ島でのフィールドワークを通して、海が圧倒的な脅威として立ちはだかる生活世界を知り、その脅威を乗りこえるために、海を渡ることのできる場所として認識してきた人々の技と知恵を知り、そこから形づくられた贈与交換体系に埋め込まれた芸術の存在を知った。これらは、自分の持ちあわせていた想像力を超え、想定外の事態に巻き込まれるようなフィールドワークを通してしか至ることのできなかった「内側からの見え方」だ。探したかった「芸術」に対象を絞って、目的的にそれを見出そうとする調査、すなわち答えを探す調査では、私はけっしてこの視点を獲得することはなかっただろう。フィールドワークでは、答えではなく問いを探さなくてはならないのだ。問われるべき問いとは何か。現地の芸術を理解するためには何を見て何を問えばいいのか。もしもそれが当初の調査項目から大幅にはずれていたとしても、何度も問いを立て直し、新たな発見と真摯に向きあう姿勢こそが、人類学のめざす全体的《ホーリスティック》な理解へとつながっている。

「オセアニア」の語源は、人間の住む居住世界「エクメネー」に対する、非居住世界としての「オケアヌス」にある。しかしオセアニアの人々にとって、もはやそれは行く手をさえぎる非居住世界などではない。かれらはそこを、渡り、生きる場所として形づくってきた。オセアニアという世界は、海《オーシャン》によってつながれた一体として理解されるときにはじめて、そこに住まう人々の芸術をみせてくれるのである。最後に、レッド・ウェーヴ・アートの生みの親であり、フィジーに最期の居を構えたトンガ人の思想家エペリ・ハウオファ(一九三九~二〇〇九)の有名な一説を引用して、このエッセイを閉じたい。

……海とはわれわれのあいだを、そしてすべての人をつなぐ道であり、海とはわれわれの終わりなき冒険譚《サーガ》であり、海とはわれわれが有しうるもっともパワフルなメタファーなのだ。海《オーシャン》は、われわれの内にある。

[Hau'ofa 2008: 58]

❖参照文献

ウェーバー、マックス　二〇〇五『社会学論集――方法・宗教・政治』浜島朗・徳永恂訳、青木書店
マリノフスキ、ブロニスワフ　二〇一〇『西太平洋の遠洋航海者――メラネシアのニュー・ギニア諸島における、住民たちの事業と冒険の報告』増田義郎訳、講談社
モース、マルセル　二〇〇八『贈与論［新装版］』有地亨訳、勁草書房
Hau'ofa, Epeli　2008　*We Are the Ocean: Selected Works*. Honolulu: University of Hawai'i Press.

お年寄りと出会う、老いと出会う［沖縄］

菅沼文乃

1　老いのフィールドワークへ

社会の高齢化、医療費、介護負担、年金問題、生きがいある老後、サクセスフルエイジング……。現代の日本は老いやお年寄りにまつわる話題であふれている。とりわけ、沖縄はそうした話題が多い地域である。一九九五年の平均寿命日本一以降、沖縄の老い、沖縄のお年寄りはたびたび脚光を浴びてきた。私はこの現代沖縄社会の老いを研究の対象としている。

私が沖縄でフィールドワークを開始した二〇〇八年は、〝家族に囲まれた明朗で魅力的なお年寄り〟が活躍するテレビドラマ「ちゅらさん」などでイメージづけられた「おじい・おばあ」像が色濃く残る時期であった。ただ、このようなイメージは、島嶼部や村落部、マチグヮー（市場）など、昔ながらの地域関係が維持されているコミュニティに関連付けて語られるのがほとんどである。それでは、そうでない場所――つまり都市のお年寄りはどんな人たちなのだろうか。沖縄の街の中で、老いはいかに現れ、経験されているのか。こうした関心のもと、私は沖縄県那覇市での調査研究を決意した。

フィールドの選定にあたり、マンスリーマンションを当面の滞在先とした。なかでも格安の値段設定にひかれてたどり着いたのが、那覇市辻である。辻はいわゆる風俗街で、従業員が店舗の前で客を待ち、夜となれば燦然とネオンが輝く、夜の街である。一見お年寄りとは無関係に見えるその一角にたたずむ高齢者福祉の施設、そこが私のフィールドワークの開始地点となった。この文章では、マンスリーマンションを拠点とする通算一年半の老いにまつわるフィールドワークの一部を紹介したい。

2　お年寄りとの出会いこもごも

私がフィールドとした辻の歴史は、琉球王府期の遊郭までさかのぼることができる。中国からの使者や上流階級の武士を相手とする公的遊郭としてひらかれ、明治期には二〇〇軒もの妓楼が立ち並んだという。妓楼を経営するのは女性であり、遊郭全体の管理・運営や祭祀の実施もそのうちの有力者が務めていたことから、当時の辻はしばしば「女護ヶ島」とも表現された［那覇市企画部市史編集室　一九七九、加藤　二〇一二］。

しかし遊郭としての性質は沖縄戦によって失われる。戦後の辻は、朝鮮戦争・ベトナム戦争のために那覇港周辺に逗留していた米軍関係者向けの歓楽街となり、米軍公認の飲食店や風俗営業店であることを示すAサインを掲げる店舗が立ち並んだ。米軍との密な関係のもと整えられていく町並みを新聞は「四百年の伝統を誇った〝情緒の町〟辻町も戦後は外人オンリーの町に変わった。当初は金離れのいい外人客が殺到、バー、キャバレー、サロン、クラブ、レストランなど『Aサイン』の店はどこも押すな押すなの盛況だった」（『琉球新報』一九六九年九月一一日）と評している。

しかしながら、ベトナム戦争の終戦、沖縄の日本本土復帰を経た辻の現在には往時の面影はほとんど見られない。Aサインの町として米軍人が出入りした雰囲気を辛うじて残す飲食店、観光客向けにサービスを整えた風俗店。半世紀を経て老朽化したコンクリート製の建造物に、ベトナム戦争に向かう、また一時の休暇を満喫する米軍人であふれかえったひと頃をかろうじて回視できるだろうか。それでもなお、今も辻は沖縄の歓楽街の代名詞としてその名をはせている。

そんな路地のひとつ裏、市営住宅の一階に「辻老人憩の家」がある。老人憩の家は市の指定管理団体が運営する高齢者福祉のための施設で、レクリエーション等を通して六五歳以上の地域住民の心身の健康の維持・増進を図る、いわば〝元気高齢者〟を対象としたサービスを実施している。この施設に私は週三、四回通い、参加者であるお年寄りと一緒にレクリエーションに参加したり、踊りを踊ったり、お茶入れやお菓子の準備をするおばあちゃんを手伝ったりする。

活動が終了すると、参加者はみな友人と会話しながらゆっくりと帰路につく。部屋の出入り口あたりに立っている私に、戸口をまたぐおばあちゃんが、ニコニコしながら、あるいは不思議そうに、「看護師さん？　学生さんなの？」と声をかけてくれる。看護師さん、というのは、血圧測定や健康相談を行うために派遣されてくる看護師のことである。当時大学院生だった私は答える。「はい、名古屋の大学の学生です」。なにぶん参加者が多いし、毎週来る人ばかりでもないので、すべての人に顔を覚えてもらうのには時間がかかる。

このおばあちゃんたちは、ほとんどが戦後に辻にやってきた宮古島出身の人たちだ。一九五九年、「宮古島台風」として知られる巨大台風の被害がきっかけで島を離れた彼女たちは、辻とともに華やかな時代を生き、辻とともに年老いてきた。その語りは、沖縄戦後から現在までの目まぐるしく変わる沖縄をそれぞれの形で浮き上がらせる。

しかし、もちろんよそ者である私が最初からそうした語りを聞くことができたわけではない。沖縄には、沖縄生まれであるウチナーンチュ（沖縄人）と日本本土の生まれであるヤマトンチュ（大和人）という、ときに差別的な意味をはらむ区分がある（この沖縄人と大和人との違いについては、三田牧「私とフィールド、そして文化人類学」を参照されたい。沖縄人に対する大和人の他者性と、それへの戸惑いが人類学的実践に昇華されるプロセスが具体的に、興味深く紹介されている）。さらに、老人憩の家に集まるお年寄りにとって、突然現れた私は〝老人憩の家〟には似つかわしくない若造でもある。そんなよそ者を、やすやすと懐に入れられるわけもない。

私と彼女たちの間の二重のギャップは、簡単に埋められるものではない。それでも何か月も憩

ネオン看板やラブホテルの暖簾がひしめく辻の街並み

の家に通ううちに、私の手を取り、腕をさすりながら「学生なのに大変でしょう」「どこに住んでいるの？」「ご飯は食べているの？」「アルバイトをして沖縄に来ているの？」「若いのに頑張っているね」と言葉をかけてもらえるようになった（これらを私は親愛の表現と解釈している）。社会学者である好井の言を借りれば、彼女たちにとって私は「まったくのよそ者」から「知り合いのよそ者」となったのである［好井 二〇一四：五三］。そして、知り合いとなった彼女たちを軸として、私のフィールドは憩の家から地域へと拡大していった。

老人憩の家での参与観察を終えると、私はマンスリーマンションに戻る。すぐに部屋に向かうのではなく、マンションに設けられている「ゆんたく場」に向かう。「ゆんたく場」は滞在者同士が「ゆんたく（沖縄の言葉で雑談を意味する）」し交流を深める場として設置された、大ぶりのテーブルと背もたれ付き椅子がいくつか置かれたスペースである。そこでくつろぐ入居者との会話も、フィールドワークの重要な情報源である。

ここで、滞在先であるＩマンションと入居者たちについて簡単に紹介したい。

Ｉマンションの最大の特徴は、最初に触れたとおり、とにかく賃料が安いことである。一般的なマンスリーマンションが提供するようなワンルーム個室だけでなく、ワンルームを三区分し共同で利用する低価格な「個室ドミトリー」プラン、カプセルホテルの形式で炊事場・風呂等は共同であるものの非常に低価格の「カプセルルームプラン」をそろえている。とくにカプセルルームプランを利用すれば、那覇市内で自炊可能な滞在先を、当時の市内のマンスリーマンションの半額以下で確保することができるのである。長期契約には割引も適用されるので、契約次第ではさらに出費を抑えることも可能である。また、入居に際しては保証金が不要なこと、身分証明書を提示すれば保証人がいらないこと、長期契約によって正式な住所とすることができるという利点もある。

そのため、Ｉマンションには沖縄県内での就労や移住の足掛かりを求める者、沖縄県内に実家があるものの失業・離婚等の事情を抱えた県内出身者、身寄りのない者など多様な顔ぶれがそろっている。また、今こそ手ごろな価格で滞在できるゲストハウスやドミトリーなどの宿泊施設が沖縄中に増えているものの、二〇〇八年当時はそれほどの選択肢はなかったこともあり、二〇

Iマンションのゆんたく場からの景色。日が落ちるとネオンが輝きだす

○○年代初頭からの沖縄ブームをうけて「自分探し」のために沖縄をふらりと訪れる若者客もよく見かけた。

そんな場所であったから、私が出会った人びとも多種多様であった。趣味のダイビングのために長期滞在している中部地方出身の男性の蘊蓄《うんちく》、同じくダイビングのために北海道からやってきて先の男性と結婚した女性ののろけ話、マンションの仕事を手伝ううちに気づいたら従業員になっていた九州出身の男性の仕事の愚痴、四国から沖縄移住を目指してやってきた美容師の女性の将来の夢、中部地方からふらりと来たという男性のパチンコ談義、卒業論文の息抜きにと沖縄を訪れた東京生まれの青年の悩み等々……。彼らと私の、あるいは彼ら同士のやり取りが、フィールドノートには雑然と記録されている。

お年寄りの入居者もいた。ある沖縄生まれのおじいちゃんは、若いころは女学生の注目の的だったという長身をくつろがせながら、ゆんたく場でタバコをふかしている姿をよく見かける。老いてなお再就職を目指しており、同居を勧める息子の世話にはならないとこのマンションで一人暮らしをしているのだという。またある沖縄生まれのおばあちゃんは、いつも「あい、ご飯食べた？」と気さくに声をかけてくれる。沖縄戦で身寄りを亡くし、女ひとりで生き抜いてきた彼女だが、普段はそんな半生をにおわせず、大好きな恋愛談義に花を咲かせている。彼らは入居者たちの「おじい」「おばあ」として、ときにいたわられ、ときに疎まれながら、Ｉマンションでの日々を過ごしている。憩の家とは逆に、Ｉマンションで出会った人々は出身地にも年齢にも共通点がない。そんなよそ者同士の緩やかな関係性に組み込まれるお年寄りもまた、現代沖縄の老いの姿である。

3　老いは誰のものか？

人類学の研究手法としてのフィールドワークは、研究対象である地域で人類学者自身が長期間暮らし、その社会について調査を行うものである。そのためにフィールドワーカーが行うべきこと、注意すべきことについてここで論じることはしないが、フィールドワークを行うときには研究対象、すなわち調査する人たちがいることが前提となるだろう。それでは、お年寄りを研究対象とする場合、その対象は誰なのだろうか。

お年寄り（老人）という区別はどの社会にも存在するとされる［片多　二〇〇四］。しかしどの時点からお年寄りとなるか、といえば、全社会に共通する明確な基準はない。例えば現代の日本における老いの基準は、高齢者福祉の施策対象を六五歳以上とする「老人福祉法」（一九六三）によるものが大きい。私が辻でフィールドワークを行った際、まず研究対象としたのも、憩の家を利用する人びとであった。彼らは施設の利用基準を満たした、六五歳以上の地域高齢者であることが明確だからである。

一方で、Iマンションのお年寄りの場合、年齢という基準はあまり意味をなさない。「Iマンションにたまたま滞在しているだけ」の入居者は、彼らの年齢をわざわざ知ろうとはしないからである。ほかにも、視力や筋力の低下、定年退職、孫がいることなどが老いの基準として考えられるが、これらの要素も関係の浅い入居者の判断に影響しているとは思えない。それでも入居者は彼らにおじい・おばあと声をかけ、彼らをいたわる。基準はなくとも、彼らはお年寄りなのだ。逆に、Iマンションのお年寄りが入居者に対しておじい・おばあと呼ばれるのを受け入れ、そのようにふるまうことは、お年寄りのほうも私（や幅広い年齢層の入居者たち）を「若者」として扱っているからだろう。Iマンションでのお年寄りは、若者に対置される存在なのである。

こうしてみると、老いの基準やお年寄りという存在はずいぶんあいまいなものに感じられないだろうか。老いという、生きている限り誰にも一様におとずれるはずの現象が、実は多様性に満ちている……。しかし、この不可思議さが、老いを研究対象とする醍醐味である。自分はどのように老い、どんなお年寄りになるのだろうか。この文章を読んだ方にもぜひ、そんなことを考えてみてほしい。

❖参照文献

片多順　二〇〇四「『老いの人類学』研究史」（青柳まちこ編『老いの人類学』世界思想社、一二三―一四一頁）。
加藤正洋　二〇一一『那覇――戦後の都市復興と歓楽街』フォレスト。
那覇市企画部市史編集室　一九七九『那覇市史　資料編第二巻中の七　那覇の民俗』那覇市企画部市史編集室。
三田牧　二〇〇八「私とフィールド、そして文化人類学」（李仁子・金谷美和・佐藤知久編『はじまりとしてのフィールドワーク――自分がひらく、世界がかわる』昭和堂、二五一―二六四頁）。
好井裕明　二〇一四『違和感から始まる社会学――日常性のフィールドワークへの招待』光文社。

つながるとはどういうことか？［インド］

中屋敷千尋

1　なぜヒマラヤ山脈のスピティ渓谷なのか？

「閑散としていて、寂しいところ」

これが、スピティ渓谷を訪れた最初の印象だった。チベット仏教徒に関心をもっていた私は、知り合いの勧めもあって、北インドの山岳地帯に住むチベット仏教徒の研究をすることになった。二〇〇九年九月、実際にスピティを訪れてみると、険しい山々に囲まれ、緑がほとんどなく、商店も数えるほどしかないような場所だった。当初予定していた尼僧院での調査を断られ、振り出しにもどって調査地を探していたが、スピティの人の私に対する態度はそっけなく、時に疑いの目をむけられ、調査地決めは難航した。「伝統を重んじ、幸福に暮らすチベット仏教徒」という理想を少なからず抱いて調査に臨んだ私は、現実を目のあたりにし、正直、意気消沈してしまった。「ここで調査をつづけられるだろうか……」。調査する地域自体を変えることも考えつつ、滞在先を探しつづけた。

そんなある日、C町の市場の集まる広場で休んでいたところ、地元の中年男性が不思議そうな顔で私に話しかけてきた。

「きみ、どこの村の出身?」

私がパンジャビドレスと呼ばれるインドの民族衣装をまとっていたことから、地元の人と勘違いしたようだった。スピティの人は、見た目は私とほとんど変わらない。高山で暮らすため、肌が多少日焼けしているくらいだ。滞在先がなかなか決まらず、疲れていた私は、思いきって聞いてみた。

「ホームステイがしたいのだけれど、泊めてくれそうな家はありますか」

すると、男性はある家族を紹介してくれた。その家族は、私に興味をもち、日本にいる家族のことや大学のことなど、いろいろと聞いてくれた。また、彼らが今までに出会った日本人の話や、彼ら自身の話――父、母、娘、息子の四人家族であること、父親の男性がチベット難民であること、恋愛結婚したこと、体調のことなど――もたくさん聞かせてくれた。はじめは、彼らが所有するゲストハウスの建物の一室に泊まっていたが、彼らの薦めで同じ屋根の下で暮らすことになった。そして、そのままその家が私の居場所となり、その町が私の調査地となった［中屋敷 二〇一三］。

私がフィールドとして選んだのは、北インド、ヒマーチャル・プラデーシュ州のスピティ渓谷である。標高約三六五〇メートルの高所に位置し、中国と国境を接する地域である。あたり一面岩山に囲まれ、山間を一本のスピティ川が通っている。川沿いの山肌に、村が点在している。気候は高山気候に位置づけられ、冬にはマイナス三〇度に達する。スピティ渓谷全体の人口は約一万二四五七人、なかでも私が滞在していたC町は人口約一六九四人（二八六世帯）である［Census of India 2011］。住民はチベット仏教徒が大半を占め、主にチベット語の西部方言が用いられる。ごく一部の人が農業を営むほか、雑貨店、観光業、レストラン、タクシードライバーなど第三次産業に従事する人や、政府雇用の職に就く人も多い。

2　なぜ些細なことを知りたがるのか？

滞在先の家に住みこみ、寝食をともにしながら、私は少しずつ、スピティの言葉やふるまい方を習得し、家のなかの仕事を覚えていった。掃除、食事づくり、水汲み、絨毯織り、犬の世話、店番、雪かき、仏間での祈禱など、どれも慣れないものだったが、博士後期課程の本調査の際には、ほとんどすべての仕事をできるようになった。そして、親族を研究テーマとしたこともあり、滞在先の家族を中心として、近隣住民や町の人と頻繁にかかわるようになった。

こうして関係が密になるにつれ、違和感をおぼえることが多くなった。家族は私に、とても些細なことを毎日聞くようになった。例えば、どこに出かけたのか、誰と会ったのか、何を話した

のか、などである。そのうち、近所の人までもが、私の行動を細かく確認するようになった。私がもっとも違和感を覚えたのは、葬送儀礼の翌日に聞かれたこの質問である。

「葬式で泣いたのか」

そんなことを知って、一体何になるのだろうか。私は、これらの質問をされるたびに、何か意図があって質問しているのだろうかと警戒したり、あるいは、どこで誰といたという目撃情報がすぐに広まることに対して、あまりいい気はしなかった。

また、滞在先の家族と隣人の女性は、家の外だけでなく、家の中でも、私がどこで何をしているのかを逐一把握しようとし、暇をしていれば居間に来るよう促した。私の姿がみえないと大声をだして何度も呼び、それでも答えないでいると、断りなく私の部屋の中まで入ってきていた。ある時には、疲れて昼寝をしている私の部屋の窓を外から豪快に叩きあけ、中を覗き込んできたこともあった。

なぜ私の居場所やしていることを一々知りたがるのだろうか、常に一緒に居ようとするのだろうか、と不思議に思った。私のこれまでの経験では、自身の家族であれ、親しい友人であれ、スピティの人々のように逐一互いの居場所やしてい

スピティ渓谷の風景

ることを知ろうとしたり、同じ場所に居ようとしたりはしないからである。そうすることは、むしろ詮索や過剰な関与として受けとられ、関係を悪化させかねない。また、あえて細かい情報を把握しなくとも、相手がそれなりに自らの日常を送っていることは想像に難くない。この関わり方の違いは、一体何に起因するものなのだろうか。しかし、このことは考えても仕方がないと思い、あまり考えないようにして日々の生活を送った。

ある日、いつもより遅くまで寝ていると、隣人の女性が窓の外から声をかけてきた。

「まだ寝てるの」

私は返事をしなかった。しばらくしてから居間に行くと、彼女がいた。

「体調が悪いんじゃないかと心配した」

こういって、彼女は安堵の表情を浮かべた。このとき、私は、はっとした。彼女たちは、単に興味本位や意図があって私の居場所や何をしているのかを把握しようとしているわけではなく、把握することで私の状態——元気であることや無事であること——を確認し、安心していたのだ。

それ以降、次第に、さまざまな質問をされることや目撃情報が広まることに対して、居心地の悪さをあまり感じなくなった。

そして、滞在先の家族の母親に、

「昼間は店に行ったあと、どこに行っていたの？」

と、私が何気なく聞いたとき、ふと、いつの間にか、私も彼女たちと同じように些細なことを質問するようになっていることに気がついた。どこにいるのか、誰といるのか、何をしているのか、どういう気分なのかは、互いに把握していて当たりまえなのだ。特に、いつもと違う行動をした際には、なぜそうしたのかを聞いて、安心する。逆に、身近な人の現状がわからないと、不安になる。彼女たちも私も、常にともにいるような、互いの身体が分かち難くつながっているような感覚をもち、それを維持しようとしていたのだ。

いつもの中庭の光景——
日にあたりながらおしゃべりする滞在先の母親と隣人の女性

二〇一五年一二月、博士後期課程の最終調査を終えて、私がスピティを離れる前日、母親はえらく不機嫌で、なぜか写真を一緒に撮ってもらえなかった。気がつくと涙を流していた。私が見ていることに気づくと、変なあくびをしてみせた。この涙の意味は、後々になってわかったことだが、私と離れることを悲しんでのことだった。私にとっても、スピティを離れる際には辛いものがあった。車に乗り、見慣れた町が遠ざかっていくのを眺めていたとき、何か大事なものが自分からすとんと抜け落ちてしまったような、底が抜けてしまったような感覚に襲われた。今後スピティを訪れる機会はいくらでもあるということを理解しながらも、自らの身体から何かが欠如した感覚を拭えなかった。この違和感は日本に帰国してからもしばらくつづいた。

この一連の出来事を通して、なぜ彼女たちが些細な質問をしつづけるのか、彼女たちにとって人と関わるということはどういうことなのかを、少しだけ身をもって理解できたような気がする。しかし、それを言語化することは、とてもむずかしい。それは、何か決定的な出来事があったからではなく、次第に自分自身が変わっていったからだ。

3　親しいとは、どういうことか？

これまで述べてきたように、私の経験では、インドでフィールドの人とつながっている感覚と、日本で家族や友人たちとつながっている感覚とは、共通する部分がありつつも、大きく異なる。どのように異なるのだろうか。それは何を起因として異なるのだろうか。これらの問いに答えることはむずかしいが、一つの私論を示してみたい。

私のこれまでの観察や経験から、スピティの人々にとっては、身体の共在、つまり対面的に――顔を合わせて――関わるということが、特に重要である。日本においても、確かに、親密性と対面性が結びつけられることはあるだろう。一方で、日本ではメディアを介したやりとりを通した関係も親しいものとしてみなされることは多々ある。他方で、（定期的に）対面して会話することに、親しさが見出されることもある。しかし、ここでいう対面性の内容は、スピティと日本とで異なる。スピティでは、より絶え間ない、継続的で、対面的な関わりが、人とつながるために求められる。

なぜそうなのかということについて、推測の域をでないが、「個人」の捉え方や、「同じ世界にいる」という感覚、身体接触の捉え方の違いが関係しているのではないか。

近代的な一貫性のある「個人」を想定する場合、同じ世界で複数の個人がやりとりしており、記憶や認識は個人の中にあると考えられる。空間的、時間的に同じ場所に居合わせなくとも、やりとりをすることは、以前対面した際の延長上にあると考えられる。

他方、スピティの場合は、意味をやりとりする一貫性をもった「個人」というよりも、関係やつながりの中に存在する人の姿が想定される。それゆえ、関係が変わると、自身のあり方も変わることになり、関係が無くなれば、互いに影響を与えない存在になる。「私たちの世界」、あるいは、「あなたといる私」ではなくなってしまう。空間的、時間的に離れることで、自分を構成するもの、あるいは自分に影響を与えるものとしてはみなされにくくなるのではないか。

このように、相手や自分の存在、あるいは同じ世界に生きている感覚に対する捉え方の違いによって、ともにいることや、つながるということに対する感覚が異なってくるのではないだろうか。スピティでは、関わることが、つながることになる。離れると、つながっていないことになってしまいかねない。だからこそ、自分が把握できない空白の部分を埋め、自らとつながっていること、あるいは自らの一部であることを確認するために、些細な質問をして相手の状況を把握しようとしているのではないだろうか。私はここにこそ、自らのテーマである親族のつながりや関係を理解するための重要な手がかりがあることに気がついた。

もう一つ、スピティの人々が頻繁に関わる背景には、周囲の環境が関係していると考えられる。スピティは高山に位置することから、緑が少なく、岩山に囲まれ、強風が吹く。民家を離れると風の音しか聞こえず、部屋のなかでも静かである。人間だけでなく、動物や虫といった生き物の気配すらほとんど感じられない状況は、なんともいいがたい怖さを生みだす。この怖さをやわらげるもの、それは人との関わりである。この周辺環境の特徴も、スピティの人々にとってのつながりを考える上で欠かすことはできないだろう。

4　違和感の先になにがある?

スピティの人々の世界あるいは感覚に巻き込まれていく過程では、一体何が起こっているのか理解できず、違和感や不快感を覚えたり、戸惑ったりすることの連続だった。しかし、長期間ともに過ごすうちに、いつの間にか、自分もスピティの人々と同じようにふるまうようになり、感覚を理解できるようになっている。フィールドワークとは不思議なものだと思う。きっと、その「違和感」が「あたりまえ」になるところにこそ、その土地に生きる人々の世界を理解するヒントが隠されている。

私が経験したような違和感は、決して海外でのみ経験するものではない。じつは、こうしたことは、身の回りにあふれている。違和感に出会ったとき、相手が自分とはまったく異なると考えてしまうと、それ以上何も得られるものは無い。かといって、自分とまったく同じように相手のことをみなして考えてみても、なぜそうしないのか、という違和感や不快感しか残らない。相手と同じであることを前提としつつも、ある時点で相手とは異なることを認め、相手の立場にたって理解しようとすることが、違和感の先にある、人々の多様で豊かな生き方に触れることにつながるのかもしれないと思っている。

❖参照文献

Census of India 2011 Census Data, Census of India Website: Office of the Registrar General & Census Commissioner, India.
http://censusindia.gov.in/（最終閲覧日：二〇一八年四月一四日）
中屋敷千尋　二〇一三「関わるということ」京都大学大学院人間・環境学研究科文化人類学分野ウェブサイト。http:/www.anth.jinkan.kyoto-u.ac.jp/photoessay/201304_nakayashiki.pdf（最終閲覧日：二〇一八年四月一四日）
二〇一七『つながりの文化人類学――インド・チベット系社会における親族と非親族をめぐって』博士学位論文、京都大学大学院人間・環境学研究科提出。

女性の笑顔が弾ける子宝祈願儀礼

フィールドワーカー、踊り手の見習いになる？

［タンザニア］

髙村美也子

1　はじめに　子宝祈願キシミカントゥイ儀礼との出会い

スワヒリ農村ボンデイ社会で繰り広げられる慣習儀礼を舞台に、フィールドワーカーがどのように受け入れられていくのか、慣習儀礼との出会いから見習い踊り手になるまでを紹介します。

私は、東アフリカの土着文化とアラブ・ペルシア文化が融合されたスワヒリ文化に興味を持っていたことから、標準スワヒリ語が使われているタンザニアに魅惑を感じていました。そして、スワヒリ文化ではことわざを使用することが知識人として認識されていることを知り、ことわざの調査をしようと決めました。タンザニアの大都市ダルエスサラームで聞き込みをしていくと、タンザニア北東部タンガ州の人々が詳しいという情報を得て、タンガ州の沿岸部に居住するボンデイの人々にたどり着きました。

ボンデイの人々が主に居住している地域は、タンガ州・ムヘザ県・ムクジ村です。私は、ムクジ村でボンデイ語の語彙と文法、ことわざの調査を行い、その後、生業の調査としてココヤシ利用の調査を行いました。ムクジ村でボンデイの人々と過ごす中、女性の生活がいかに大変であるかという点に気づきました。

ムクジ村の女性の一日は、表の通りです。朝起きると、中庭と家の周辺の掃き掃除、前日の食器洗い、火を起こして朝食（紅茶）作りをします。そして、朝食をすますと、畑仕事、昼食作りと続き、そして、午後二時頃に昼食を済ませます。昼食後は、バケツをもって一キロメートル先にある水場へ水汲み（一日数回行く場合、人を雇う場合、子どもにお願いする場合がある）に行きます。水を手に入れると洗濯（手洗い）を行い、その後薪拾いに森の中へ行き、そしてまた食器洗いをします。時間があれば少しでも畑仕事をします。午後六時頃から夕飯作り、その間に幼い子ども達を水浴びさせ、午後九時頃に夕食をとり、その後水浴びをし、やっと就寝となります。

■表　女性の一日の生活

時間	家　事
6：30	起床
	中庭，家周辺の掃き掃除
	前日使用の食器洗い
	火起こし
	朝食作り
10：30	朝食
	畑仕事
	昼食作り
14：00	昼食
	水場へ水汲み
	洗濯
	薪拾い（3日に一度）
	食器洗い
	畑仕事
18：00	夕飯作り
	子どもの水浴び
21：00	夕飯
	水浴び
23：00	就寝

（筆者作成）

生活費は夫からもらいますが、十分な金銭は与えて

ムクジ村の水場。沢山のバケツがいつも列を作っている

もらえないため、家計のやりくりは大変です。生活費がある場合、魚か牛肉を購入できますが、生活費がない場合、庭で栽培しているサツマイモの葉（マテンベレ matembele）、キャッサバの葉（キサンブ kisambu）、もしくは野草の葉である苦菜（キク科。ムスンガ msunga）などを採取します。女性も働いて現金収入を得ればいいのにと思うかもしれませんが、ボンデイの女性は村外で働くことは好ましく思われていないため、経済活動の場が村内のみと限られています。

女性の日常生活においては、とにかく体力が必要ですし、時間がかかることばかりですし、金銭で解決もできません。しかも、電気が普及していないため、娯楽もありません。そこで、ストレスをど

こで発散するのか、とても気になりました。

調査を始めた頃のある日、滞在先の家族が私を結婚式の一連行事に連れて行ってくれました。会場に着くと、女性だけが集まり、三台の太鼓演奏（演奏者は男性）に合わせて唄を歌い、激しく踊っていました。それは、イスラーム式もしくはキリスト教式とは異なる、ボンディの慣習的結婚儀礼でした。

この慣習的結婚儀礼は、キシミカントゥイ儀礼（kisimikantui）［高村 二〇〇七］と言われ、子宝を祈願する儀礼です。婚約式や結婚式の前に、新婦の実家もしくは新郎の実家で行われるものです。このとき女性たちは、日常生活の辛さを忘れるかの如く踊っていました。私は、踊っている彼女たちの弾けんばかりの笑顔に魅了され、この儀礼に興味を覚えました。

2　ボンディの宗教と慣習儀礼

子宝祈願儀礼について紹介する前に、宗教的背景を紹介します。東アフリカ沿岸地域は、長年にわたるアラブ・ペルシア商人との交易によりイスラームの宗教・文化・言語が浸透し、バンツー系地元住民の宗教・文化・言語と混合しました。ボンディの居住地域もイスラームが浸透していました。しかし、一八〇〇年代後半になると、キリスト教の宣教師たちがやってきました。そして、一八八四年には、ムクジ村にアングリカン教会が建築されました。現在では、ムクジ村には、モスク一軒、キリスト教教会三軒（アングリカン教会、ペンテコステ教会、カトリック教会）があります。そして、村の人口の半数がムスリム、残り半数がキリスト教信者となっています。

これら外来宗教は、ボンデイの土着宗教の信仰行為を禁止しているため、土着宗教信仰が衰退していています。他方、慣習的行事（mila 伝統・慣習、desturi 習慣）は簡素化しているものの、継続されています。ボンデイの男性の慣習行事である割礼（ジャンド〔jando〕。現在は生後数週間のうちに病院で施されます。以前は、就学を始めた頃の男児が集められて、数日間かけて行われていた）は形式的に行われているだけですが、ボンデイの女性の慣習行事であるキシミカントゥイ儀礼は、欠かさず行われています。

3　キシミカントゥイ儀礼とは

キシミカントゥイ儀礼とは、先述したように、婚約式もしくは結婚式の前に行われる子宝祈願儀礼です。これは、既婚女性および経産婦のみが参加できます。このキシミカントゥイ儀礼を行うことで、結婚を予定している女性もしくは男性が結婚可能な状態となります。

ボンデイの慣習的結婚式のビデオ映像「Wia una wenye」（Ndunguru 制作年不明。帰属集団を意味するカビラ〔kabila〕性が希薄になり、各カビラの文化が衰退しつつあるため、慣習文化を映像に残す目的で作成された〔ナレーションより〕）によると、以前は、キシミカントゥイ儀礼が行われた後、ボ

キシミカントゥイ儀礼の様子

ンデイ式の結婚式ウィヤ（Wia）が行われていました。現在は、キシミカントゥイ儀礼が行われた後、イスラーム式もしくはキリスト教式の結婚式が行われます。結婚式の形態は外来宗教方式に変化しましたが、慣習的儀礼は都市に住んでいても、必ず実施されています。

キシミカントゥイ儀礼の特徴をまとめると、次のようになります。①子宝祈願。②男性の参加は禁止（ただし、太鼓演奏は男性）。③ボンデイ族の行事。④外来宗教から禁止されていない。⑤新郎新婦の育ての家族への祝い。⑥女性間だけで継承され、「ボンデイの女性」としての再認識の機能を持つ。⑦都市でも実施。⑧娯楽の意味合いを持つ。

これら八点の特徴から考えられることは、ボンデイの女性がいかにボンデイの女性だけで集まることを大切にし、自分たちの慣習の継承を重要視しているかということです。年に何度か行われるキシミカントゥイ儀礼に参加することにより、隣人との交流を深めることができ、また、遠方に居住しているため日ごろ会えない親族との関係を再確認することもできます。よって、キシミカントゥイ儀礼はボンデイ女性の象徴的な慣習行事とも言えるでしょう。

さて、このキシミカントゥイ儀礼を盛り上げているのが、キブングブングという踊りと唄を提供する担い手たちです。キブングブングメンバーの迫力ある唄と息の合った踊りによって、キシミカントゥイ儀礼が盛り上がり、参加している女性たちの顔を弾けんばかりの笑顔にさせます。では、このキブングブングメンバーはどのような生活を送っている人々なのでしょうか。

4 キブングブングメンバー（歌い手・踊り手）の日常

キブングブングの主なメンバーは、ムクジ村に居住する一〇名ほどの女性です。太鼓は近所に住む男性三～四名です。中には姉妹で踊り手をやっているメンバーもいますが、親族関係によって構成されているわけではないようです。キブングブングの練習もしくはミーティングは、月に一度程度行われています。彼女たちは、一度キブングブングの踊り手になると、高齢で踊れなくなるまで継続します。

彼女たちは、夫の畑仕事を手伝ったり、小規模商売を行っている主婦たちです。ですから、冒頭に記載した一日のスケジュールと同じような暮らしをしています。メンバーのうち三人は、朝から夕方まで常設市場で、小さなパン（スコーン）、揚げパン（マンダジ）、キャッサバ（ムホゴ）の素揚など、自宅で調理した食品の販売をしています。ですから、他のキブングブングメンバーも常設市場に買い物に来れば、彼女たちと会うことができます。そして、他のメンバーも村内で日常生活を送っています。

このように彼女たちは常に村内に滞在し、また毎日顔を合わせて共に過ごしていることから、メンバーの関係性は深くなり、練習が月に一度程度でも息の合ったパフォーマンスを可能にさせているのだと思います。

5　フィールドワーカー、キブングブング踊りの見習いとなる

さて、私は、キシミカントゥイ儀礼の調査をしていたわけではありませんが、女性たちの顔をはち切れんばかりの笑顔にさせるこの儀礼に魅了されました。そこで、傍観者として何度も見に行きました。はじめの頃は、ただ傍観して写真を撮っていただけですが、見ていれば一緒に踊りたくなってくるものです。案の定私は、いつのまにか見よう見まねで踊りの輪に加わるようになりました。

キブングブングの踊りは、お尻を少し後ろに突き出して、お尻だけを小刻みに振る踊りです。

一見簡単そうに見えますが、お尻だけを動かすのは、非常に難しいことが分かりました。膝と太ももの筋肉を巧妙に動かす必要があります。しかし、日常的にそのような体の動きをすることはないため、なかなかうまくいきません。それでも、儀礼の参加者たちは私の動きを見て、「そうそう、その調子、その調子！」とお世辞を言いながら盛り上げてくれます。

キブングブングで歌われる唄は、ボンデイ語で歌われます［髙村　二〇〇七］。私はスワヒリ語を話しますが、ボンデイ語はスワヒリ語と同じレベルで理解することがまだできません。それでも何度も聞いているので、リズムと音を少しずつ覚えていきました。しかし、歌詞の内容を理解するため、歌詞を教えてもらうことにしました。そして、教えてもらった歌詞を見ながら儀礼で歌ってみると、キブングブングのリーダーは、嬉しそうに微笑んでいました。

その後は、私がムクジ村に行くたびに、メンバーがキシミカントゥイ儀礼の日程等の情報を教えてくれて、一緒に行くようになりました。キシミカントゥイ儀礼に出会って七年目くらいで、メンバーから誘われるようになったのです。

私がキシミカントゥイ儀礼に魅了されてから誘われるようになるまで、キシミカントゥイ儀礼に参加する私の立場に次のようなステップがあったと考えられます。

ステップ１：傍観者

儀礼の様子を写真で撮影するのみ。キシミカントゥイ儀礼に参加した村民や新婦もしくは新郎の親族たちが、カメラを持っている私に対して、「今、今！　写真撮って！　撮れ撮れー!!」とからかってくる。おひねりを踊り手、太鼓演奏者に渡す。

ステップ2：記録者

練習風景を見てほしいと練習の場に呼ばれ、集合写真の撮影を依頼される。再度来村した際に、写真と作成した記念DVDを配布。

ステップ3：見よう見まねの参加者

歌詞を教えてもらう。

何度もキシミカントゥイ儀礼に参加し、見よう見まねで踊る。

ステップ4：見習い

一緒に参加を誘われるようになる。

教えてもらった唄を歌い、キブングブングを踊り、儀礼を盛り上げる。キシミカントゥイ儀礼を主催する新婦もしくは新郎の親族は、キブングブングを踊っている私の姿を撮影（被写体になる）。さらには、おひねりを頂く。

私を見習いとして受け入れるまでに、大別してこの四段階に分かれていると考えることができます。このようなフィールド入りの段階については、和崎洋一［一九七七］がタンザニアの村への「村入り」段階について述べており、「村入り」の第三段階に入ったとき、村社会における「暮らし」が始まった［和崎　一九七七：六九］と記述しています。フィールドワーカーが調査地に入った際に感じる距離感の変化は、きっと、誰しもが経験することでしょう。

フィールド入りには、このような段階がありますが、やはり強引な入り方をすると受け入れてもらえません。何が大切なのでしょうか。文化人類学の手法において、フィールドワークの方法を学びます。その代表の一つが信頼関係という意味のラポール（rapport）の構築です。いかに人々との間に信頼関係を築いていくことが大切かということです。長期にわたってラポールを大切にしながらキシミカントゥイ儀礼に参加し、ゆっくりと段階を踏んだことで、キブングブングメンバーが徐々に私を受け入れてくれたのだと思っています。

6　おわりに

男性と女性の生活が明確に枠組みされているボンデイ社会において、女性である私は、「女性」という枠組みの中で、フィールドの人々の生活に溶け込むよう心掛けて調査生活を送ってきました。また、調査内容のみを対象にするだけではなく、それ以外の事柄にも興味を持ちながら長年同じ場所で調査を実施することで、期待していなかった感動を実感することができました。

フィールドワーカーが、調査対象の人々の中に入り込むことは容易ではなく、信頼関係を構築するにも何段階かのステップがあり、時間がかかりますが、いつの間にか受け入れられていることに気づくことができます。きっと、フィールドの人々も、最初は、突然知らないアジア人が来て、そのアジア人が何をやっているのか分からず、どう接していいのか分からなかったと思います。しかし、彼女たちも時間をかけて私と接するうちに、距離感が縮まったのだと思います。

さて、長年同じ村でフィールドワークを行っていますが、まだキシミカントゥイ儀礼や結婚式に外側からしか参加したことがありません。いつか、結婚式をおこなう家族の準備段階から結婚式の終了まで、その家族と共に時間を過ごしたいと思っています。そして、その時には、キブングブングの踊りが一人前に踊れるようになっていたいと思います。また、本儀礼における自分の立場がさらに変化するのか、または変化しないのか、自分の立場の状態を観察したいと思います。

❖参照文献

髙村美也子　二〇〇七「タンザニア北東部のボンデイ族の結婚前夜祭とボンデイ語」(『人文学フィールドワーカー養成プログラム」調査報告』第二号、二〇三―二〇六頁)。

和崎洋一　一九七七『スワヒリの世界にて』日本放送出版協会。

❖参照映像

Richie Ndunguru（Mwongozi）　制作年不明　Wia una wenye, *Ni Kwedi Kaya*, Video Magic LTD.

食にまつわる調査の記録と個人的な回想

ラスタ・コミューンを媒介にした出会いと別れの話

［ジャマイカ］

神本秀爾

1　人をつなぎ分断する食

遊びやデートは食事をともなうことが多い。そのようなとき、わたしたちは時間と空間を共有するだけでなく、感情や感覚を共有あるいは交換している。学生の頃の、ゼミや何かしらのイベントごとにも食事が欠かせなかった。場所は大学周辺の居酒屋だったり院生室だったりしたが、その場の高揚感は、アルコールはもちろん、さまざまな共有あるいは交換が起きる過程で発生している熱によるものだったように思える。

たしかに食は人をつなぐ。一方で時に人を分断する。正確にはウチとソトの境界を作ったり強化したりすることがあるということだ。ヒンドゥー教徒が牛を食べず、ムスリムが豚を食べないというのは有名だが、ヒンドゥー教徒の例では、牛を食べる人々と自分たちのあいだに境界を引くことで、牛を食べないという共通点で自分たちをつないでもいるのである。しかし、日本では一般的に牛も豚も食べるので、どちらを食べても身体には悪影響がないことをわたしたちは知っている。だから、彼らが不思議なことをしているように思う人もいるだろう。また、やっている側は無意識だが、見ている側が勝手に自/他の境界を強化するということも起きる。わたしたちは馬やクジラを食べることがあるが、それを見て信じられないと感じる人たちもいる。わざわざ妨害しに来る人までいる。これらは、自分たちの生きる文化が自分たちの行動に規制をかけているほんの一例だ。

そのような規制は古いものばかりではなく、現代でも新たなものが作られている。ジャマイカで一九三〇年代に誕生した宗教的な思想・実践、ラスタファーライの担い手であるラスタファリアン(ラスタ)たちは肉食を禁じた。そして、健康に良いと考える菜食中心の食事を摂ることを重視した。その食事は、「欠かせない」とか「大切」といった意味を持つヴァイタル(vital)が変化したアイタル(ital)・フードと呼ばれている。彼らは自分たちがアイタルを食べる根拠を、主に聖書に求めている。聖書とは距離を取って、さっき書いたつながりとか分断という言葉を思い返してほしい。そうすると、肉食を禁じることは、彼らと彼ら以外の境界を強化することになったと推測することができる。その相手は、ジャマイカで主流派を占めるキリスト教徒だ。実は、ラスタたちは、エチオピア皇帝のハイレ・セラシエこそが旧約聖書で預言された救世主であると主張し、イエス・キリストを崇拝するキリスト教徒に対抗意識を燃やしている。ジャマイカのキリスト教は植民地時代に主にアメリカ、イギリスからの宣教師によって伝えられたものなのだが、ラスタは、キリスト教は白人が黒人の精神を隷属状態に置いておくためのものであるとして、植民地支配や奴隷制といった過去と結びつけて批判する。レゲエのスーパー・スター、ボブ・マーリイは"emancipate yourself from mental slavery"（精神的な隷属から自由になれ）とも歌っている。菜食中心のアイタル・フードとは、ジャマイカの歴史の産物なのである。

ラスタの多くはアイタル・フードを自宅で調理するが、レストランで食べたり、弁当屋で手に入れたりすることもできる。それらのレストランや弁当屋には、ラスタに限らず、菜食を禁じていない（ほとんどそんな人はいない）一般の人々も多く訪れている。ラスタにとっては、宗教的実践であるアイタルの摂取だが、非ラスタには、野菜中心の健康的な食事の摂取なのである。店で定番のメニューは、ジャマイカで一般的に食べられる赤飯のような、ライス・アンド・ピーズ（豆ごはん）に野菜炒めやカレーをかけたものなどである。人参やビート・ルート、パイナップルなどの野菜や果物のジュースもよく売られている。その多くはしっかりとショウガが効いている。

2　スクール・オブ・ヴィジョン派のラスタと食

このエッセイでは、わたしが博士課程の学生だった二〇〇八年から二〇〇九年にかけて頻繁に訪れた、スクール・オブ・ヴィジョン派（以下、ＳＯＶ）のラスタファリアンを取り上げたい。彼らは食と農を、ラスタとしての言行一致を目指す重要な宗教的実践と位置づけている。ＳＯＶは

アイタル・フードのプレートの例

一九九八年に元軍人のフェイガンを中心に設立された宗派で、同年からブルー・マウンテン山麓の高度一〇〇〇メートルをこえた一角にコミューンを建設し始めた、比較的歴史の浅い宗派である。他の宗派と比べた時にSOVのメンバーシップを際立たせる特徴は、洗礼を通じた生まれ変わりを強調するところにある。筆者がSOVで調査をおこなおうと考えた理由のひとつは、主な研究対象だった会議派ラスタファリアンをより深く理解するための比較材料を探していたためだった。二〇〇七年からAさんという日本人女性がそこでパートナーと暮らし始めていたことを聞いていたので、彼女目線からのコミューンの話を聞くことにも興味があった。

SOVは一九九八年の夏から、キングストンの北側、彼らのコミューンからの最寄りで市場や商店の多くあるパピンの公園で安息日に集会（ナイヤビンギ）をおこなっていた。筆者は二〇〇五年以降何度も顔を出してはいたが、二〇〇八年にパピンでAさんを見つけ、ラスタファリアンのなかにしっかりと居場所を見つけているのを見たときには不思議な気分になった。Ａさんやフェイガン、その他のメンバーと調査の可能性について相談をした結果、わたしは短期的な滞在を定期的におこなうことにした。

修士課程の頃から筆者が訪れていた会議派は、衣装や立ち居振舞い含め、儀礼的な要素が強く、そのコミューンは修道院や僧院を思わせる時があったが、ＳＯＶ派のコミューンは村のようだった。その理由は、彼らは農業を非常に重視しており、コミューンの上の斜面にも下の斜面にも農地が広がっていて、男性のほとんどにはファーマーかビルダーの役割があてがわれていたためである。また、メンバーがコミューン内に小さな商店を開いていたのも、そのように感じさせた一因だろう。女性には特別な役割はなく、主に家事や子育てが期待されていた。

わたしは二〇〇九年九月に、Ａさんの協力を得て全戸を対象に簡単な調査をおこなった。世帯数は四六で、内訳は一二組の夫婦と子からなる世帯と八組の夫婦のみの世帯、父と子、母と子からなる世帯それぞれ二組、単身で生活する男性二一名、女性一名だった。人数の内訳は、成人男性四四名、成人女性二三名、男児と女児それぞれ二七名だった。男性、女性ともに三〇代と四〇代が中心で、一〇歳未満の子供が五〇名だった。コミューンもその一部であるキングストン教区出身者が多かった。ＳＯＶで誕生した子供以外のほとんどはキリスト教の家庭出身だと推測されるが、この問いへの答えは多くのメンバーが濁した。

職業については成人男性二八名が回答してくれた。コミューン向けの仕事では、ファーマー一〇名、ビルダー一名、両方にたずさわっているのは二名だった。農地では葉物野菜や豆、根菜類が主に植えられていた。わたしが滞在していた頃はナンバー・ツーの地位にあったメンバーが懸命に育てていたが、コミューンの規模の拡大が始まった二〇〇〇年代半ばからは、コミューンのための農業に従事せずに、個人のための農地開拓に熱中するものが増えたのだという。それでも、フェイガンやナンバー・ツー、ナンバー・スリーのポジションにあったメンバーが元軍人であるため、しばしば朝に作業開始を告げる軍隊式の号令が掛かり、数名が山際に立つ住居からコミューンの下方にある農地へと駆け出していく姿を見ることがあった。それ以外には、小学校教員や建設現場作業員として現金を得ているメンバーもいた。特に定期収入のある教員のメンバーは、その収入から少なくない額を運営費用として寄付していたようである。

現金を生み出しているのは、ルーツ・ワインの製造・販売にたずさわる五名、SOV経営の弁当屋で働く三名だった。ルーツ・ワインとは各種の植物から製造される健康飲料で、およそ一週間に三万八〇〇〇ジャマイカドル（約四万二〇〇〇円）程度の売上だという。弁当屋はキングストンの中心部ハーフ・ウェイ・ツリーから南にあるスリー・マイルにあり、信徒に寄付されたコンテナを改造したもので、名前はラスタランと言った。レストランとラスタをかけた名前だ。コミューン設立時から、先に述べた、農業で生産された作物やルーツ・ワインの販売から得られた現金を元手として、米や小麦粉といった主食、石鹸などが購入され配給されていたが、メンバー数が増え、フリーライダーが増えるなかでそれも困難になりつつあった。そのような状況で起死回生を狙ったのが、二〇〇八年一月のラスタランの開店だった。

スリー・マイルはキングストンの郊外で、近くには一九世紀半ばより年季奉公人として訪れたインド系移民の子孫が多く暮らすエリアの近くにある。特定地点を結ぶルート・タクシーの乗降場の近所だったこともあり、行き交う人の数は決して少なくはなかった。店舗やその脇の壁は赤・黄・緑のラスタ・カラーで塗り分けられた上にセラシエや妃であるメネン、セラシエを象徴するライオンの絵や数々のメッセージが書かれていて、隣接する、イギリスと関わりの深いカナダに本店を持つスコティア銀行の真っ赤な看板とクリーム色の店舗とのギャップは目を引いた。ラスタランができてからは、安息日の集会がラスタランの前の広場でおこなわれることもあった。

二〇〇九年の六月の時点の商品の値段は以下の通りだった。弁当の値段はサイズに合わせて三サイズあって、値段は一五〇～三〇〇ジャマイカドル（約一七〇～三三〇円）だった。フレッシュ・ジュースは一二〇～一五〇ジャマイカドル（約一三〇～一七〇円）で、コミューンで収穫された野菜が置かれることもあった。筆者はコンテナの中に入ってメンバーと話をしたり、店先で客と話をしたりした。なかでもよく話をしたのがケイマン諸島出身のBである。彼はわたしより一〇歳ほど年上で、落ち着きがあったのと、ラップに詳しかったので、彼が店番や、ルーツ・ワインのボトル詰めのために店にいる日は楽しかった。彼が教えてくれたGeto Boysの“6 feet deep”は今でもたまに聴く。それ以外に、ラスタランでは、コミューンでは気づかない人間関係や聞くことのできない裏話が聞けるのも良かった。

ラスタランの外観

ただ、運営という点から見た時、決定的な問題があった。ほとんど儲からないのだ。店番は、店に来たメンバーにはほとんどの場合無料で食べさせていた。もともとSOVは配給制をとっていたので、その代わりかと思っていたが、そうではないようだった。店番をしているメンバーたちは、一週間で二〇〇〇ジャマイカドル程度の安い給料を司祭からもらっていた。彼らはもちろん食事は無料だが、司祭は他のメンバーからは金を取るように言っていたようだ。しかし、そうはいかなかったのだ。ラスタファリアンのあいだでよく聞く、仲間どうしの"share & care"（分け合い、いたわり合う）の精神がそうさせたのかもしれないが、メンバーたちはなによりも、自分たちは等しく貧しいものたちだという意識を共有していた。それは社会においてもそうだし、ＳＯＶのなかでも初期メンバーだけがコミューン内のいい場所に住居を持っていたことや、儀礼などの機会の重要な役割を独占していたことも関係していただろう。結果としてラスタランは、採算の取れない事業になっていった。数少ない現金獲得の機会であるため、途中から寄付やルーツ・ワインの売り上げも運営費に使うようになっていき、徐々に運営自体も回らなくなっていった。その後、コンテナを貸してくれていた信徒が別の事業を始めるからと立退きを要求され、閉店した。

少し話を整理する。ＳＯＶは、彼らのアイデンティティと密接に関わる食と農を生活の中心に据えた宗派だった。したがって、農業に従事し、アイタル・フードの弁当屋で現金を獲得するという選択は、非常にわかりやすいものだった。ただ、そこには困難があった。ＳＯＶに限らないが、ラスタファリアンは賃金労働に従事することを、形に変えた奴隷制と形容することが少なくない。ラスタランの失敗は、結局のところ、「経営者」である司祭とその他のメンバーで、その事業に対する目的がずれたままだったことに由来しているように思える。そう考える最大の理由は、排他的にひとつの宗派にコミットすることが珍しいという、ラスタファリアンのメンバーシップのゆるやかなあり方が関係している。フェイガンや中核にいた信徒たちは、明確に他宗派との境界を意識していた。一方で、基本的な教義や立居振舞の作法、食との関係などの点は、ラスタファーライ主流のナイヤビンギ・オーダー派の影響を大きく残していた。実際に、二〇〇九年にはナイヤビンギ・オーダー派と共同で安息日の儀礼をおこなう機会などもあり、一部のメンバーはナイヤビンギ・オーダー派への共感を深めていっていたのである。それ以外には、フェイガンの予言の中身も影響しているかもしれない。彼はもうすぐ世界の終末が訪れ、SOVのメンバーのみが救われるという信念を広めていたのだが、それは勤勉さや堅実さを育むようなものではなかった。全戸調査をした二〇〇九年九月から四カ月後にはコミューンで暮らすメンバーの数は約三分の二に減ってしまっていた。このことが示唆するのは、メンバーの多くにとって、SOVは居心地の良いあいだは住み続けるという仮住まいの空間だったということである。

3 少しの回想

学生の頃を思い出すと、自分は食へのこだわりは弱かったと思う。それは、身体という生の根拠が揺らぐような病気や怪我の経験がなかったからかも知れない。そのため、ジャマイカにいる時、多くのラスタがアイタル・フードに心身の健康を期待するのと異なり、わたしにとっては、その日の食事の選択肢のひとつに過ぎなかった。とは言え、人の体は着実に弱っていき、いつ来るのか分からない死が確実に近づいている。そう強く感じたのは、二〇一七年一二月にAさんが突然亡くなったためである。彼女のこの世での仕事は十分に済んだのだと思いたいが、九月に行く予定をキャンセルして会えなかったこともあり、SNS上で様々な人が発信していた彼女へのメッセージや彼女の葬儀の様子や報告を見ながら、なんとも言えない気分になったのを覚えている。

他の多くの人と同じように、わたしも彼女と多くの食事をともにし、たくさんのことを話した。最後に一緒に食べたのはアイタル・フードではなく、ハーフ・ウェイ・ツリーのタクシー乗り場近くの中華料理屋で買った、炒飯と何かの具材のオイスターソース炒めの弁当だった気がする。あるいはバーガーキングのソフトクリームだったかも知れない。次にジャマイカに行くときに彼女にはもう会えないのが残念だ。ささやかながら、この短いエッセイは彼女へのわたしなりの追悼文でもある。

第Ⅳ部

もう一つの世界

フィールドのもう一歩奥へ

悪魔崇拝者の噂と妖術の夢

［ケニア］

岡本圭史

東アフリカ、ケニアの海岸地方に、モンバサという都市がある。インド洋に面した観光地で、街自体がモンバサ島の上にある。島と本土を結ぶのは橋でなくフェリーで、本土側にはリコーニという街がある。島にいる間はこちらも観光客然としていて、英語で話す。フェリーに乗ってリコーニに渡り、マタツ乗り場まで行く。マタツというのは民間の乗合自動車だ。マタツ乗り場に近づくあたりから、少しずつ英語を話すのが不自然な気がしてくる。僕も、覚束ないドゥルマ語を話し始める。ドゥルマと呼ばれる人々は、ここからもう少し内陸に入ったところにたくさん住んでいる。

マタツのコンダクターのお兄さんに話しかける。

「G村に行くんだけど。どのマタツに乗ればいい」

「あれだよ。あの黄色いの」

G村というのは、僕がいつも滞在させてもらっている場所だ。モンバサのホテルで僕がもしも

ドゥルマ語を話したならば、ちょっとした余興になるか、そうでなければ怪しまれる。ここでは僕が英語を使わないことに驚く様子がないので、少しずつ村が近くなってきたと感じる。近くの売店で、確か一・五リットル入りだったと思うが、冷たいミネラルウォーターを買う。マタツに乗る。中は蒸し風呂のように暑い。赤道直下だから外も暑いのだが、車内には妙な熱気がこもっている。座席が客で埋まるまで、なかなか発車してくれない。発車する前に、水がお湯のようになる。

そのうちマタツが走り出す。途中で何度か停まって、荷物を屋根の上に乗せたりする。物資を運ぶのもマタツの仕事だ。途中停車を繰り返しながら、リコーニの街を抜ける。大きな幹線道路を南下する。舗装されているからスピードが出る。事故にあった車が裏返しになっているのを何度か見た。僕がケニアに行っている間、本当に危ない目に遭ったことはない。ただ、この幹線道路を走っている間は、多少の緊張感がある。南に向かっていた車が右折して、つまり西に向かう道路に入る。しばらくはアスファルトの道路が続く。やはり皆出せるだけのスピードを出す。すれ違う車がほとんど見えない。しばらくすると舗装道路が途切れ、赤い土で覆われた道になる。舗装された道路に比べると速度が出ない。他の乗客は知らないが、僕はほっとする。

途中で何もなければ、二、三時間で村に着く。リコーニではバイクが走り回っていたのだが、村に着けばそんなこともない。顔なじみの人も多い。暑くはあっても不快ではないし、風も吹いている。滞在先の子供が挨拶してくれる。それほど頻繁には来ないので、会うたびに大きくなる。

雨季。狭い範囲に雨が降る。風に吹かれた雨と雲が動いていくのが見える

その内に近所の青年達が何人か来る。僕の仕事やドゥルマ語の勉強を助けてくれる友人達だ。簡単に打ち合わせをして、後はお互いの近況を話す。その内にインタビューやその翻訳、僕のドゥルマ語の勉強が始まる。彼等は怠けさせてくれない。僕が本当にゆっくりできるのは、村に着いてから数日の間だ。

用事がないまま景色を眺めているのは至福の時だ。ただ、住んでいる人にとってはどうだろう。田舎には仕事がない。リコーニのようなところで出稼ぎの仕事を見つけるのでなければ、なかなか現金収入は得られない。出稼ぎがそれほど儲かるわけではないので、子供に教育の機会を与えるのも簡単ではない。ケニアは学歴社会だ。ドゥルマの人々の間でも時々とんでもない秀才がでてきて偉くなることもあるが、多くの人にとって、出世はおそろしく難しい。僕は車の免許を持っていないのだが、ジープを運転してどこまでも走っていくことを何度か思い描いた。ただ、これはよそ者の想像だ。ここに生まれてきた人達が仮に脱出を夢想した場合、この景色は赤茶けた監獄のように見えるかも知れない。

1　外国人と悪魔崇拝者

村の暮らしは、ある意味では八方塞がりだ。そういう中、たまにやってくる外国人には不思議な期待が集まる。とりあえず物事を僕に頼んでみるという人は多かったようだ。道で出会った隣人が、小学校を建ててくれと僕に言った。またある時、G村の近所にある街からモンバサに向かうマタツの車内で、隣に座っていた初対面の青年（ドゥルマかどうかは知らない）が話しかけてきた。日本の大学で勉強できるよう、僕に彼を推薦してほしいということだった。もちろん、どうすることもできない。

外国人という存在がどのように見えているのか。このことが気になり始めた。外国人による援助の実例を聞くこともある。村で会った女の子が、聞いたことのない日本人の名前を口にする。スポンサーだという。もちろん村に来たことはないが、学費の援助などをしてくれるそうだ。サッカーボールか何かが送られてきたとも言っていた。教会の建設を助ける、外国人のスポンサーもいるらしい。近所にある教会の建設を、あるイギリス人の女性が援助しているという。三回も飛行機事故に遭ったのだが、助かった。彼女は神に守られている。あるキリスト教徒の青年に、こういう話を聞いた。ここまでは、好意的な援助者の話だ。

最近のケニアでは中国企業がおそろしい速度で――かえって心配になるぐらい仕事が早い――道路や橋を造っている。この辺りから、スポンサーというよりも、もう少しおかしな外国人の姿が浮かび上がるようになる。あるドゥルマの男性が僕に言った。

「中国の企業が来て道路や橋を造っている間、雨が降らないんだ」

それが本当なら乾期だからだろう。

「彼等は乾期に来ているのではないの?」

「その通りだが、それにしても降らない。何か、特別な技術を持っているんだろう」

これは、何かしら不思議な海外の企業、というぐらいの話だ。もっと明確な、怖ろしい外国人についての逸話もある。村にある小学校に、白人達がやってきた。パンと牛乳を配る。それが毒ではないかと人々が言い始めたそうだ。会ったことはないが、どうもNGOらしい。彼等に関しては、はっきりと悪魔崇拝者の噂が立っていた。食べ物を配った当人達は、たぶん気づいていなかったのではないか。ちなみに、ドゥルマの人達が僕に悪魔崇拝者の疑いをこっそりかけているかどうか。これもよく分からない。仮にそう思っていたとしても、誰も態度には示さないだろう。

外国人だけではない。モンバサやナイロビのような都会に住むお金を持った人達や、あるいはミュージシャンや政治家についても、彼等が悪魔崇拝者なのだという話を聞く。学校に行ってよい仕事を得て、この村から抜け出したい。そう思い描くドゥルマの若者は多いだろう。しかし、村の外というのは、不思議な外国人や悪魔崇拝者のいる世界でもある。それがモンバサであり、ナイロビであり、外国なのだ。

この考え方は決して新しいものではないはずだ。ムミアニと呼ばれる一種の霊のようなものが、ドゥルマの間では知られている。ムミアニがドゥルマを攫《さら》い、その血を抜き取ってモンバサに輸出する［浜本　一九八五］。日本人にとっては突拍子もない話だと思うかも知れないが、そうとも限らない。よく似た話が、明治時代の高知県にあったらしい。一八七一年、明治の新体制への不満から一揆が起きた。外国人医師が標的になった。民間宗教者が、外国人は血や肉を食べるという噂を流した。これは山人が血や脂を絞るという民間伝承の「脂《あぶら》取り」を基にしているということだ［小松　一九九五］。

明治初頭のことだから、で済む話とも思えない。距離や時代に他者性を還元しても、この手の話は終わらない。それはやがて、現代日本にまで辿り着く。迷信から解放された合理的な近代人は、どこにいるのか。それが我々だ、とつい思ってしまうのは世の常で、恐らくドゥルマもそう思っている。我々は進歩を遂げ、彼等は迷信深いか、あるいはものを知らない。このように考えることと自体が、人間にとって普遍的であるような思考の型ではないか。人は異質な他者を創造した上で、時にそれを現実の他者に投影する。その仕組みの解明が、本当に取り組むべき問題であ

教会の日曜礼拝。牧師も村に住む信徒だ

るらしい。

2　信じることと妖術の物語

妖術を信じる——信じるとはどういうことか、という問題はひとまず措く——人々と、信じない我々の間に大きな違いはあるのか。倫理的な理由から同じだ、と言い切るのではなく、見かけ上の差異が生み出される経緯を問うことが重要だろう。このことについて考えようとする時、悪魔崇拝者の噂に加えて、妖術使いについての逸話も素材になる。村人の中には妖術使いが紛れ込んでいる。ドゥルマの人はそう語る［浜本　二〇一四］。君がいい仕事を見つければ、妖術使いは嫉妬する。妖術のせいで、君は病気になる。頭がおかしくなるかも知れない。仕事を急にやめてしまうか、自殺するかも知れない。家畜が死ぬ。トウモロコシ畑が不作になる。貯金が尽きるまでお酒を飲んでしまう……。妖術使いが本当にいるとは思えない。しかし、ドゥルマにとっては妖術使いがいるということの方が常識だ。

この妖術使いは、夢の中に出てきて人を攻撃することもあるのだそうだ。もしも誰かの夢に僕が出てきていたら、どういうことになるのだろう。ある時、そんなことを考えた。急に素っ気なくなった隣人が一人だけいたので、そのせいかも知れない。一度そのように考えると、今度は色々な逸話がその証拠のような気がしてくる。ドゥルマの妖術については、浜本満の詳細な議論がある［浜本　一九八九、二〇一四］。妖術の観念が、経験を組織化して妖術の物語を組織する。浜本の議論を基にして――精緻な考察を簡略化してしまっているのだが――ひとまずそのように捉えてみよう。

そう考えた場合、妖術を信じることが、妖術の物語に絡み取られることの前提になる。その一方で、妖術を信じないことで思考がより自由になるかといえば、それはまた別の問題だ。無関係な出来事を一つの筋書きにつなぎ合わせる時、妖術の観念が役に立つことは確かだろう。しかし、妖術観念はいわば糊のようなものだ。出来事を組織化する原動力は、むしろ情報の不足と不安ではないか。村にいた時から、少しずつこんなことを考え始めた。このことについて論じるためには、我々には奇妙とみえる信念を信じる彼等と信じない我々の間に決定的な差異を想定しないことが必要だろう［スペルベル　一九八四］。

3　フィールドワークと人類学者の問い

妖術を信じる彼等と信じない我々の間に、決定的な考え方の違いはない。そのように捉えた場合、我々が見かけ上の他者性を創り出している可能性が、無視できないものとなる。ムミアニや脂取りの例が示す通り、人はこの種の思考から簡単には抜け出せないものらしい。フィールドワークを行う人類学者もまた、異質な他者を作り出すという思考の働きから自由ではないはずだ。南アフリカ、ヨハネスブルグの妖術についての民族誌の中で、人類学者のアダム・アーシュフォースが、次のように述べている［Ashforth 2005］。妖術のない世界の住人が妖術のある世界に出会った時、二つの疑問を持つ。一つは合理性の疑問だ。なぜ、彼等は妖術を信じることができるのか。もう一つがモダニティの疑問だ。なぜ、彼等は今でも妖術を信じ続けているのだろう。

この二つの疑問は、そのままでは人類学者の扱う問題にはならない。アーシュフォースも、これらの疑問を本の主題にはしてはいない。フィールドワークとは、この二つの疑問に直面した後で、少しずつそこから離れ、もっと別の問題に取り組むようになる過程でもある。その一方で、こうした疑問が浮かぶ背景について考えることにも、一定の意義があるはずだ。我々が異質な他者に出会ったと感じた時、何についてどのように問うべきなのだろうか。多くの人類学者は、不可解な他者を理解可能な領域に位置づけようとする。その一方で、我々もまた奇妙な存在ではないかと疑うという、もう一つの方法がある。

あるドゥルマの男性に聞いた話がある。悪魔崇拝者についての噂話を僕が集めていた時のことだ。

「悪魔は神よりも強力なんだよ」

「どうして」

「神は万能だ。しかし仕事が遅い。悪魔の方が素早く仕事をする」

これはもちろん笑い話だ。軽妙な語り口は今でも記憶に残っている。その一方で、悪魔崇拝者の存在を、彼は深刻な脅威と捉えていたはずだ。リコーニのフェリー乗り場で、トラックが人混みに突っ込むという事故が起きたことがある。相当な人数の死傷者が出た。これは血を求める悪魔崇拝者の仕業だと彼は言う。

悪魔崇拝者や妖術使いのいる彼等の世界とそうではない我々の世界が、実際に切り離されているわけではない。二つの世界は、どのようにして地続きになるのだろうか。この問いかけは、ドゥルマ社会における妖術や悪魔崇拝の語りを基に、我々自身の思考の制約について考える端緒になる。日本人にとっての悪魔崇拝者とは誰か。人はどのようにして、想像上の脅威に怯える一方で現実の問題を見失うに至るのか。また、そこから抜け出して、可能な限り自由な思考に到達する道はどこにあるのか。他者性の不在を前提に妖術や悪魔崇拝について考えることは、こうした問題に通じている。

❖参照文献

小松和彦　一九九五「異人論」（井上俊、上野千鶴子・大沢真幸・見田宗介・吉見俊哉編『岩波講座　現代社会学』三、岩波書店、一七五－二〇〇頁）。

スペルベル、ダン　一九八四「一見して非合理な信念」（菅野盾樹訳『人類学とはなにか――その知的枠組を問う』紀伊國屋書店、七七－一三六頁）。

浜本満　一九八五「憑依霊としての白人――東アフリカの憑依霊信仰についての一考察」（『社会人類学年報』一一、三五－六〇頁）。

一九八九「不幸の出来事――不幸の語りにおける「原因」と「非・原因」」（吉田禎吾編『異文化の解読』平河出版社、五五－九二頁）。

二〇一四『信念の呪縛――ケニア海岸地方ドゥルマ社会における妖術の民族誌』九州大学出版会。

Ashforth, Adam　2005　*Witchcraft, Violence, and Democracy in South Africa.* The University of Chicago Press.

悪魔崇拝者、憑依霊、外国人

［ケニア］

岡本圭史

1　悪魔崇拝者とキリスト教

ドゥルマの間で、悪魔崇拝者と呼ばれる人々がよく話題になる。同じドゥルマでも、キリスト教徒であるかどうかで話の内容が違う。キリスト教徒達は、悪魔崇拝者が教会の活動の邪魔をするという点を問題にするようだ。悪魔崇拝者の教会がどこかにある。外国かナイロビのような遠いところだ。その教会に、肉親を捧げる。そうすることで莫大な財産が手に入る。また、ナイロビやモンバサのような都会にある大きなキリスト教の教会には、本当は悪魔崇拝の教会が紛れ込んでいる。また、普通の教会の信徒の中にも、悪魔崇拝者が紛れ込んでいるかも知れない。キリスト教徒達からは、こういった話を聞く。G村にある教会を率いている牧師（男性、四〇歳代）に、悪魔崇拝者について聞いた話がある。悪魔崇拝者がキリスト教徒のふりをする。騙されないように気を付けないといけない。キリスト教を伝道するとされる牧師やその教会が、実際には悪魔崇拝者の教会かも知れない。気づかないまま、信徒が悪魔崇拝者達と共に祈ってしまうこともあり得る。注意が必要だ。そういった話だった。熱のこもった語り口が記憶に残っている。

ケニアで悪魔崇拝者が人々の注目を集め始めたのは、一九九〇年代のはずだ。一九九四年一〇月、モイ大統領（当時）が、スピーチの中で悪魔崇拝者に言及した。教育機関の中の悪魔崇拝者についての調査を彼が組織した、という内容だった。政府機関に悪魔崇拝者が引き起こした問題については、既に国を挙げての議論が巻き起こっていた。この問題は国会でも話題になり、調査委員会が正式に発足する。やがて刊行された報告書の中には、悪魔崇拝者が引き起こした様々な問題についての証拠が挙げられていたらしい［Gifford 2009］。どういう経緯で事例が集まったのか分からないが、これは中世の魔女狩りのようなものだろうか。疑惑を持って調査をすれば、証拠は出てくるものなのだろう。しかし、浜本によると、一九九〇年代のドゥルマの間では、悪魔崇拝者の噂は流通していなかったらしい。悪魔崇拝者の話を浜本教授が最初に聞いたのは二〇〇七年だったという［浜本　二〇一四］。一九八九年に生まれた僕の友達は、モンバサのセカンダリー・スクールに通っていた。短い間だが、モンバサで働いたこともあるらしい。また、彼と同い年の青年は、G村から徒歩で一時間ほどのところにある、小さな街のセカンダリー・スクールに行った。二人とも、悪魔崇拝者の話を聞く機会は多かったという。モンバサにいた青年の場合は雑誌で悪魔崇拝者の話を読んだとも言っていた。こうしてみると、二〇〇〇年前後には、若いドゥルマの間で悪魔崇拝者が話題になっていたのかも知れない。何とも言えないところだ。

裕福な人々と悪魔崇拝者が同一視される例も多い。肉親を悪魔崇拝者の教会に捧げるか、自身の体の一部に治らない傷をつける。こうした代償を払うことで、悪魔崇拝者は裕福になるという。マタツのオーナーや商店の持ち主について、本当は彼等が悪魔崇拝者なのだという話を聞いた。オーナー達は、ケニア国外にある悪魔崇拝者達の組織に多額の保険を毎月払うのだそうだ。大きな企業を率いるのが悪魔崇拝者だという人もいる。ナイキは悪魔崇拝者の企業だ。NIKEという社名は、No Intimacy, Kill Everyoneという意味だ。ナイキの製品を購入すると悪魔がやってくる。また、ポルノの制作も悪魔崇拝者の仕業だ。こういう調子で、悪魔崇拝者については色々な話が出てくる。身近なお金持ちだけではなく、都市の富裕層や、政治家やミュージシャンといった著名人についても、悪魔崇拝者の話が出てくる。こうした悪魔崇拝者の特徴については、浜本も、既に似た例を報告している［浜本　二〇一四］。

悪魔崇拝者と妖術使いについては、しばしば似たような話が出てくる。浜本によると、妖術使いもまた、肉親の供犠を通じて財産を獲得する人々としても語られることがあるという［浜本　二〇一四］。これは、僕が悪魔崇拝者と妖術使いの両方について聞いた話でもある。ドゥルマの人達も両者が似ていることを認める。また、ある逸話が妖術使いと悪魔崇拝者のどちらについてのものか、曖昧になることもある。悪魔崇拝者は、明らかに妖術使いに似ている。ただし、妖術使いが村に住んでいて悪魔崇拝者が都会にいるという、大まかな原則があるようだ。

教会の話に戻る。悪魔崇拝者の脅威について語っていたG村の牧師によると、工場での製品に

教会の日曜礼拝。日曜学校の生徒達が歌っている様子

悪魔崇拝者の霊が憑いているという。ただ、その割には、都会の教会にはヤマハのキーボードが置いてあることが多い。いいのかしら、と思うが、彼等もその点を気にすることがあるようだ。祈りによって製品を浄化するという方法があるということについても、彼は語っていた。

多くの購入された品物が祭壇に置かれます。例えば、人々が音響器具を買う場合などです。全ての購入された品物を神の家に、聖なる礼拝が行われるまで、置いておくのです。仮にそのような（悪魔の）道具に関わるものがあれば、イエス・キリストの名において破壊されます。（……）彼等は既に聖油のつけられた道具を取り、教会の中に神の力を試す別の力（悪魔の力）が存在することのないように、それを浄めるための完全な礼拝を行い、神の前で祝福します。

この話を聞いた数年後、二〇一六年にG村に戻った。この教会にもキーボードが置いてある。村のキリスト教徒達がキーボードを浄化したかどうかは聞いていない。また、彼等が機械を嫌うわけではない。むしろ逆だ。ドゥルマの人達にラジオなどをお土産に持っていくと、とても評判がいい。牧師にラジオをあげたような記憶もある。また、カメラが欲しいという希望は村でよく聞く。この辺り、辻褄が合わないとみるか、それとも羨望の対象だからこそ悪魔の製品として警戒が必要なのだと考えるべきか。

2　悪魔崇拝者と憑依霊

ドゥルマの間では、しばしばペポやニャマ、シェタニ等と呼ばれる、ある種の霊的存在が知られている。ただ、「霊」や spirit に対応するドゥルマ語について考え始めると、話は複雑になる。人間を意味する単語としてムトゥがある。ペポやニャマについて説明を求めると、ムトゥという単語が出てくる。ペポを言い換える時にムトゥという語が使えるらしい。ムトゥを英語に訳してくれと頼むと、person だという。ペポを霊や spirit と訳すと、霊というカテゴリーが人間に含まれてしまうと言えないこともない。その一方で、ムトゥとペポは明らかに違う。ただ、ここを気にしすぎると、ドゥルマ語のカタカナ表記が頻出する。気にしないことにしよう。

浜本は、ペポやニャマを憑依霊と訳している。憑依霊の種類は一〇〇種類を超えるという。憑依霊は、特定の人物に憑くことによって、その人物を病気にする。こうすることで、憑依霊はその人物に要求を示す。要求の内容は様々だ。憑依霊の種類ごとに異なる品物を捧げることもあれば、それを憑依された人物が身に付けて、一定の禁止事項を守るという場合もある。要求に従っておけば、憑依霊と憑依された人間の間に共生関係が生じる［浜本　二〇〇四］。

悪魔崇拝者と妖術使いが人間とされる一方で、憑依霊は人間ではない。それでもなお、悪魔崇拝者と憑依霊の間にも、どこか似たところがある。僕の印象というだけではなく、ドゥルマの人達にとっても、そういったところがあるのかも知れない。同じ逸話の中で、悪魔崇拝者が憑依霊に入れ替わった例がある。話してくれたのも同じ人で、時期だけが違っていた。僕が二〇一三年にG村に行った時、ある二〇歳代の友人が、ジネの話をしてくれた。ジネというのは、ペポあるいは憑依霊の一種だ。リコーニに、ある男が仕事を探しに来た。とても美しい女性がやってきた。

「あなたを愛しているわ」と彼女が言った。

「僕は結婚してるよ」

しかし、彼女はあきらめない。男は自分の部屋に逃げた。部屋に入る時、後ろに彼女はいなかった。それなのに、部屋の中にはその美人がいた。どうやって入って来たのだろう。驚きながらも、男は夕食の用意を始める。食事を終え、彼女と一緒にベッドに入った（このあたり、男の行動によく分からないところがある。聞いたままに書く）。ベッドから少し離れた所にテーブルがあって、その上に灯りが乗っている。男はそれを消そうとする。

「私が消すわ」と女が言った。

「それは無理だろう」

彼女の寝ている側からは、灯りに届かない。しかし、彼女の手がぐんと伸びた。恐ろしく長く伸びた手が灯りを消す。男は叫び声を上げた。それを聞いた隣人達がやってきたのだが、女はもういなくなっていた。彼女はジネだった。モンバサは海が近いため、ジネが多い。そういう話だった。

そのほぼ一年前、二〇一二年に、僕は彼にほぼ同じ話を聞いている。ただ、前の時は、美人の正体はジネではなく悪魔崇拝者だった。モンバサには裕福な人が多く住む。だから、悪魔崇拝者もいる。そういう話だった。同じ話の中で悪魔崇拝者がジネに入れ替わったことに、本人は気づいていないようだった。僕も黙っていた。ジネが占めていた位置に、少しずつ悪魔崇拝者が入ってきているのかも知れない。

この例の他にも、リコーニを舞台としたジネの逸話は多い。悪魔崇拝者とジネの話をしてくれた友人に聞いた、別の話がある。やはりリコーニが舞台だ。ある人物がたくさんのヤギを、たぶん一〇匹ほど盗んだ。ヤギを運ばないといけない。車を使うことにした。二キロ程行って振り返ると、全てのヤギが女性に変わっていた。男性は車から降り、逃げた。モンバサにはたくさんの

リコーニのフェリー乗り場。モンバサからフェリーで浅瀬を越えてリコーニに渡る

ジネがいて、美しい女性の姿をして現れることがある。

ドゥルマの憑依霊には、例えば「マサイ」といったような、彼等にとってのいわゆる異民族の名前のついたものが、多く含まれる。別の項で述べた通り、「ムミアニ」のような白人と結び付く憑依霊もいる［浜本　一九八五］。外国人と結び付くという特徴は、憑依霊と悪魔崇拝者に共通するのかも知れない。そういえば、ケニア海岸地方で調査を行った人類学者のマッキントッシュが、白人達の起源がジニだと語る、スワヒリ女性の例を挙げている［McIntosh 2009］。ドゥルマ語のジネが、スワヒリ語だとジニになる。また、一六世紀から一七世紀のシエラリオネでは、奴隷交易に関わる西欧人あるいはキリスト教徒が人肉を食べるという噂が流通していたらしい［Shaw 2001］。ドゥルマの間での外国人の逸話については、もう一つの項で書いた通りだ。ひょっとすると、ドゥルマの間でも、憑依霊と悪魔崇拝者の両方に外国人は結びつくのかも知れない。ただ、快活でかつ礼儀正しい村の人達の態度と、こういった逸話がどうにも結び付かない。

❖参照文献

浜本満　一九八五「憑依霊としての白人――東アフリカの憑依霊信仰についての一考察」(『社会人類学年報』一一、三五―六〇頁)。

二〇〇四「イスラムの霊――ドゥルマ社会空間のイスラム的共進化」(浜本満編『東アフリカ海岸地域におけるイスラムの多様性とネットワークに関する人類学的研究』一橋大学社会学研究科・社会人類学共同研究室、五―二七頁)。

二〇一四『信念の呪縛――ケニア海岸地方ドゥルマ社会における妖術の民族誌』九州大学出版会。

Gifford, Paul　2009　*Christianity, Politics and Public Life in Kenya*. Hurst.

McIntosh, Janet　2009　*The Edge of Islam: Power, Personhood, and Ethnoreligious Boundaries on the Kenya Coast*. Duke University Press.

Shaw, Rosalind　2001　Cannibal Transformations: Colonialism and Commodification in the Sierra Leone Hinterland. In *Magical Interpretations, Material Realities: Modernity, Witchcraft and the Occult in Postcolonial Africa*. Henrietta L. Moore and Todd Sanders (eds.), pp. 50-70. Routledge.

向かい合う「生」と「死」

仏教実践のフィールドから

［カンボジア］

大坪加奈子

深夜一二時半。けたたましいサイレンの音で目を覚ます。村の犬たちが呼応して次々と吠え出した。こんな夜中に何事かと驚きながら、サイレンの後につづく拡声器からの放送に耳をすませた。それは、近所に住む二一歳の青年が事故で亡くなったこと、そして、彼の葬儀について知らせるものだった。これは、私がカンボジア南東部のスヴァーイリエン州の農村で住み込み調査を開始して間もないころの出来事だ。

翌日、青年の自宅で葬儀が行われた。彼は結婚式を目前に控えていたそうだ。結婚式で飾られるはずだった額装された写真が参列者を迎えた。写真の中の新郎新婦は、美しい結婚式の衣装を身にまとって微笑んでいた。一人の若い女性が号泣しており、彼女が婚約者であることがすぐにわかった。葬儀では、青年が亡くなった理由について語られていた。バイクで州都の友人の結婚式に出かけ、帰宅途中に国道一号線で車と衝突して亡くなったという。その国道は誰もが通る生活道路であり、彼の死は他人事とは思えなかった。なぜ結婚式を目前に控えた青年にこのような悲劇が起こるのか、悲しくてやりきれない気持ちになった。しかし、年齢にかかわらず死はいつどこで襲ってくるのかわからない。そのことは、私の帰国直前にそれまで元気だった住み込み先のおばあちゃんが突然体調を崩し、あっけなく亡くなってしまったことと同じく誰にも予測できないものだった。

遭遇した死を契機に、調査中は死とその先にある再生についてよく考えていた。この地で実践されている上座仏教は業（カルマ）と輪廻を説いており、死は次の生と分かちがたく結びついている。輪廻によって生に新たな意味が与えられ、どう生きるかが問題になってくる。カンボジアでは、どのように人びとが死に向き合いながら生きているのか。フィールドで出会った仏教徒の実践から考えてみたい。

1　よりよき生のための実践

昨今のカンボジアは経済成長率七％前後を維持しており、経済発展の真っ只中にある。プノンペンでは近代的なショッピングセンターが建設され、オシャレなカフェが林立し、いたるところで高層ビルの建設が行われている。一方で、地方との格差は大きい。調査地のスヴァーイリエン州では、ごく最近になって州都に信号機が設置され、エアコンが効いたカフェが見られるようになった。農村地域では電気や水道が整備されていないことが多い。

そうしたカンボジアの都市・農村を問わず、ひときわ目を引くのが仏教寺院だ。カンボジアでは九割以上の人びとが上座仏教を信仰している。上座仏教とは、釈尊の没後、弟子たちに継承されてきた教えを守りつづけている仏教である。今日、カンボジアのほか、スリランカ、ミャンマー、タイ、ラオスなどで信仰され、各国の文化や習慣を背景に多様な実践がみられる。

上座仏教は人びとの暮らしと深く関わっている。カンボジアでは年中行事の多くが寺院で開催され、人生の節目に自宅で行う仏教儀礼も数多い。月に四回めぐってくる布薩日には大勢の人が寺院を訪れ、受戒や布施によって功徳を積む。その大半は女性で、中でも高齢者が多い。カンボジアでは老年期に入ると生業から離れ、五戒（不殺生／不偸盗《ふちゅうとう》／不邪婬《ふじゃいん》／不妄語／不飲酒）を守って生活することが望ましいと考えられている。農村では田や池の魚をとることや生きた魚を調理することが一般的であり、殺生をせずに暮らすことは難しい。そのため、亡くなる前に功徳を積んでおく必要があるという。カンボジアでは、功徳（ボン）と悪行（バープ）の多寡で現在と未来の境遇が決まると考えられているためである。将来どうなるのか、死後はどこに転生するのか、といった不安が善行へと導く。高齢者にとっての仏教実践は死に向けた準備でもある。

布薩日や仏教儀礼の日に寺院を訪ねると、仏像の前で祈っている人をよく目にする。線香や花、布施する金品をもってブツブツと願いごとを唱えている。人びとは何かを願い、功徳を積むために寺院を訪れる。そこで、具体的に何を求めて功徳を積んでいるのかを村の世帯調査で尋ねてみた。その回答には、「家族みんなが幸せであるように」「健康で長生きするように」「美しく生まれるように」といったものが多かった。また、「来世では子どもが長生きするように」「来世では読み書きができるように」といった、現在とは正反対の境遇を望むものがあった。

寺の手伝いをしているおばあさんに尋ねると、「功徳を積んで願うことは、幸福であることと苦をとり除くこと。人生は辛いことが多かった。（輪廻の中で）何度生まれ変わっても、今生みたいに悲惨にならないように。人間に生まれ変わりたい。餓鬼にはなりたくない。資産が十分にあって、功徳を積むためのお金があるように。智慧があるように」と答えた。おばあさんはポル・ポト時代に夫を殺害されたという。その後、息子夫婦をＡＩＤＳで失い、残された孫を育てていた。二〇一一年からは剃髪して布薩日には八戒（五戒に加えて、正午以降に食事をしない／踊り・歌・音楽を鑑賞しない、装飾品や香水・化粧品などの身を美しく飾るものを使用しない／高い寝台、豪華な寝具や家具で寝ない）を守っている。おばあさんのように、「今生みたいに悲惨にならないように」と答えた人は少なくなかった。

この調査では、それぞれが色々な苦しみを抱えており、生きている限り、悩みは尽きないものだと考えさせられた。一人一人の願いには、あるべき人生の姿が映し出されている。お金持ちで美しく、智慧のある自分。早くに死ぬはずがなかった家族。こんな悲惨な人生ではない別の人生。それぞれの願いには今の人生に「欠けているもの」「不足しているもの」が現れていた。カンボジアでは、こうした「欠損」や「不足」に対処するための方法として、功徳を積むという方法を実践している人たちに多く出会った。

その中の一人に物乞いのおじいさんがいた。おじいさんは家も田んぼも所有していたが、それだけでは食べていけずに市場周辺で物乞いをしている。妻を結核で亡くし、障害をもつ息子と暮らしていた。私はこのおじいさんの「不可解な」行動がとても気になっていた。というのは、おじいさんは大きな仏教儀礼の際に寺院にやって来ては僧侶に金品を布施し、おばあさんたちにキンマ（噛む嗜好品）を、子どもたちに菓子を与えていたのだ。酒も飲まず、物乞いをしては布施をするおじいさんに、地域の人びとは好意的であった。しかし、物乞いをするくらい貧しいのに、なぜ布施をするのか理解できなかった。

私はおじいさんに会うたびに、少額のお金を渡していた。ある日、五〇〇リエル（当時、約一四円）を渡すと、「ちょっと待って」と言って四〇〇〇リエル相当の二本の栄養ドリンクをくれた。困った顔をすると、「もっていけ」と態度で示した。それからも幾度か同様の返礼を受けた。私はあげた金額以上の返礼に困惑したが、おじいさんは「お互いに功徳を積みあっているのだ」と言った。おじいさんの家には仏画が飾られていた。「来世では悲惨な生活をしないように、今生のように困難がないように」と祈っているという。おじいさんは「生まれ変わったら、女性に生まれて男性に養ってもらいたい」とおどけるように言って舌を出した。

物乞いで得たお金を他者に与えるという一見不可解な実践も、功徳を得ることが目的であればごく自然に理解できる。仏教は現在がどのような状況であっても、どんな人でも功徳を積むことで、必ずよい結果が得られることを説いている。ミャンマーで調査をしたスパイロは、「業（カルマ）とそれを改善させる手段としての功徳の効力への信仰は、将来のチャンスを変える、それも劇的に変えるという期待をもたらしている。そして、現在の状況は人生全体では一時的なものだという想定では、あきらめや無関心、静観ではなく、希望や計画、努力といったものを業の信仰がもたらしている状況なのは明らかなようだ」と述べている［Spiro 1966：1172］。おじいさんは、来世でのよりよき境遇を求めて功徳を積んでいたのだ。

2　他者の死に「参加」する

よりよき境遇を願って仏教を実践する人もいつか必ず死を迎える。そうした時にどのように死を迎え、周りの人びとがどのように関与するのか。ある在家修行者のおばあさんの死について紹介する。カンボジアの農村地域ではほとんどの人が自宅で死を迎える。入院していても手の施しようがない状況になると自宅に戻って死を待つ。仲の良かったおばあさんも糖尿病と診断され、プノンペンの病院で治療を受けていたが良くならずに自宅で安静にしていた。そして、ある朝、容態が急変して亡くなったとの知らせを受けた。

数日前に家を訪ねたところだった。おばあさんの家に親族や友人らが集まり、読経をして回復を願った。村ではこのような病人のための読経がよく行われていた。病状が思わしくない時に、三日間にわたって夕方から夜にかけて病人宅で読経する。読経の功徳によって回復するように、

自宅で開催された仏教儀礼。施主が僧侶に食事のお布施をしている

また亡くなった場合でもよりよい境遇に再生するように願うものだ。おばあさんの家に集まった人びとは、「おばあさんはたくさん功徳を積んでいる。業が消えますように」「功徳を回向します。早く治りますように」と声をかけていた。その後、少し体調が良くなったと聞いて安心した矢先の知らせだった。

葬儀では、おばあさんがどのように亡くなったのかが話題になっていた。いまわの際に、そばにいた友人が「一番お気に入りの服をもってくるけど、どれがいい？」と尋ねて着替えさせた。すると、手を前に組んで、「私はもういくね」と言って静かに息を引き取ったそうだ。おばあさんは熱心な在家修行者で、遠方の仏教儀礼にも頻繁に参加していた。昏睡状態にならずに亡くなったのは、瞑想修行をしていたからだといわれていた。

死に方や死の瞬間は次の生と関わっており、非常に重要だと考えられている。友人は、「あんな死に方が一番。そんな人は滅多にいない。きっと人間か天人（天界に住む衆生）に生まれ変わっている」と言ってうらやましがっていた。誰もが安らかな死とよき再生を願う。おばあさんの死は、仏教徒にとって理想的な死に方だった。輪廻を現実として生きる人びとにとって、死は終わりではなく、新たな生のはじまりである。さらに言えば、死はよりよき生を迎えるための通過点となっている。

おばあさんの遺体は、寺院で荼毘に付されることになっていた。寺院までの長い道のりをアチャー（祭司）が先導した。遺影をもつ遺族を先頭に、参列者は霊柩車につづいて歩いた。鳴り響く短調の悲しげな音楽は、これが確かに葬列であることを周囲に知らせた。一行は長い列となり、国道一号線の半分を覆った。寺院に到着すると、火葬場のまわりを三周して棺桶をおろした。僧侶たちは、読経しながら棺桶にかけられた白い布を自分の方に巻き上げていった。信徒による回向文の朗唱が終わると、アチャーが棺桶の周りや遺体の上に薪を置き、棒の先に巻いた布に油を染み込ませて火をつけ、先ほど並べた薪に火を移していった。炎は高く舞い上がり、偶然やってきた子どもたちと焼けていく遺体を見つめた。焼けて黒くなっていく遺体を前に、一緒にいた友人は死んだら何も持っていけないのだと子どもたちと私に諭した。

おばあさんの死は、他者による死への積極的な関与のあり方を示していた。それは、私が経験した実の祖父の死とは大きく異なっていた。カンボジアでは、死が可視化されており、葬儀への

国道を行進する葬列。アチャー（祭司）が先導して寺院へと向かう

参加を問わず、公的領域にさらされる。病気の時の読経から自宅での死、葬儀や葬列行進、火葬といった一連の過程において、大勢の他者が参加する。他者の死に「参加」することは、必ずやってくる自らの死を見つめる機会になっている。そして、そのことが人びとを功徳の実践へと向かわせる契機となる。「生」と「死」は相互に作用しながら人びとの実践を方向づけていた。

3　「生」と「死」のフィールドの中で

フィールドワークではたくさんの出会いがある。カンボジアの友人は、出会いとはニサイ（縁）によるものであり、自分ではコントロールできないものだと言っていた。ふりかえってみると、カンボジアとの出会いは大学時代に友人に誘われて旅行したことがきっかけだった。友人は手伝っていたNGOの打ち合わせがあったが、何もすることがなかった私はアンコール遺跡めぐりをして旅行を満喫した。

滞在中、なぜかよく物をもらった。物売りの子どもが売り物のブレスレットを、通りすがりの人が食べ物を、旅立つ日にホテルのスタッフが泣きながら手紙とTシャツ、クロマー（万能布）をくれた。やさしいのか人懐っこいのか何なのかわからずに不思議に思った。当時、和平が訪れて一〇年近くが経っていたが、戦争の傷跡が残るなかで人びとの笑顔と時折見せる暗い表情を忘れることができなかった。滞在中ずっと大音量の音楽に悩まされ、何のパーティーかと思っていたが、それが葬儀だったとずっと後になってわかった。しばらくして、NGO職員や学生としてカンボジアで暮らすことになったが、立場によって見える景色がまるで異なっていた。

その中でも、農村での住み込み調査はそれまで見ていたカンボジアの景色を一変させた衝撃的な経験だ。まさに、フィールドワークは人びとの生活と人生に深く入り込むことだった。通過儀礼論を発展させたヴィクター・ターナーは、フィールドワークでの経験は通過儀礼そのものであり、それによってものの見方や理解の方法が変化するという心的過程があることや自己変容の可能性について指摘している［Turner 1985：205-206］。頻繁に寺の手伝いや仏教儀礼に参加していた私は、熱心な仏教徒だと人びとに認識され、「よき仏教徒」としてのふるまいを期待された。気がつくと、功徳を積みながら「死んだらどこに再生するのだろうか」と自分の「功徳」と「悪行」について顧みる私がいた。同時に、「生」と「死」に向き合う人たちを見て、日本のひらかれた死の可能性について考えていた。

フィールドワークという手法を確立したマリノフスキーは、「……われわれの最終の目的は、われわれ自身の世界の見方をゆたかにし、深化させ、われわれ自身の性質を理解して、それを知的に、芸術的に洗練させることにある」と述べている［マリノフスキ　二〇一〇：四一八―四一九］。個人の選好によって分断されつつある社会では、自足した言説空間だけで生きることも可能になってきている。だからこそ、異質性を超えて「ホーム」と「フィールド」を往来しながら「世界の見方を更新し続ける」という作業は、今後さらに重要になってくるのではないだろうか。

❖参照文献

マリノフスキ、B　二〇一〇『西太平洋の遠洋航海者――メラネシアのニュー・ギニア諸島における、住民たちの事業と冒険の報告』増田義郎訳、講談社。

Spiro, Melford E.　1966　Buddhism and Economic Action in Burma. *American Anthropologist* 68 (5):1163-1173.

Turner, Victor　1985　*On the Edge of the Bush: Anthropology as Experience.* Edith L. B. Turner(ed.), University of Arizona Press.

女性の身体の再聖化

「ヨニ」の称賛とフェミニズム

［イギリス］

河西瑛里子

「女神運動って、結局はセクシュアリティだよね」

去年の夏、ロンドンのパブで、調査地で知り合った友達と久しぶりに話をしていた。私の研究が話題になり、こう言われたとき、その女神運動の儀式で、女陰を見せられた、二〇一〇年のある夏の夜のことを思い出した。

＊

七月の終わりなのに、毎日どんよりとした曇り空が続いていた。気づけば小雨がぱらぱら。昼間でも上着を羽織らないと鳥肌がたってしまいそうだ。この年が冷夏だったわけではない。「イギリスに四季があるっていうのは建前。本当は春と秋と冬しかないんだよね」というジョークを笑えないほど、イギリスの夏は涼しい。南西部のグラストンベリーで長期調査をしていた私はその週、女神カンファレンスというイベントに参加していた。

「女神カンファレンス」は、一九九五年からグラストンベリーで開かれている（当初は四日間、

女神カンファレンス中，メインの会場に飾られていたバナー。最終日にはこれらを掲げて町の中心部を行進する

二〇〇二年からは五日間、二〇一三年からは六日間）。講演、ワークショップ、儀式、行進などが行われ、イギリスを中心に、ヨーロッパ各国や北米から二〇〇～二五〇人ほどが参加する。女性が圧倒的に多いが、男性も一割ほどいて、若者より中高年が多い。町の会館などいくつもの施設を借り切って行われるため、この時期、町は女神カンファレンスに占拠される。

女神との遭遇による自らの変容や癒しの体験、古今東西の女神文化などの講演の他、歌や踊り、瞑想によって身体で女神を感じ、女神をモチーフにした絵や詩といった表現活動を通して、自らの内面を探求する。儀式では、女神に扮したプリーステスとの儀式的な出会いや、観客参加型の演劇を通して、カタルシス的な癒しが目指される。最終日には、女神を祝福する歌をにぎやかに歌いながら、町のメインストリートを堂々と歩く。なお、プリーステスとは女神カンファレンスを始めた女性の講座の修了生の名称である。講座では、女神のイメージを通して、自己の内面を探求し、自己変容を目指す。

グラストンベリーの女神カンファレンスは、世界的に見れば「女神運動」（別名：女神のスピリチュアリティ、フェミニスト魔女術、女神崇拝、女神信仰など）と呼ばれる流れの中で生まれた。女神運動とは、一九七〇年代、ユダヤ教やキリスト教が男性中心で、女性蔑視と考えたフェミニストが、ウイッカの「女神」の概念を取り入れて、女性を応援するために創り出した宗教的な社会運動である。なおウイッカとは、魔女術とも呼ばれる田舎の伝統的習俗を参考に、あるイギリス人男性が一九五〇年頃に創り出した自然崇拝的な信仰で、男神と女神の崇拝を特徴とする。

女神運動は、世界各地の神話や伝承をもとに、多様な「女神」のイメージを示した。ここでの「女神」は崇拝対象というより、「自立した女性」の象徴であり、その一つの意義は女性の身体の肯定である。キャロル・クライスト［一九八二］によれば、ユダヤ教やキリスト教の文化圏では、月経・出産・閉経といった女性の身体的事象はタブーであり、女性の身体は男性を性的に惑わす邪悪なものとして表され、性的欲望や性的行動は抑圧されてきた。その風潮に抗して、女神運動では女性の身体を聖なる女神と同一視することで、女性の性にまつわる規範を解体し、女性の身体と性の意識革命に挑んだ。つまり、女神運動は社会に浸透していた女性にまつわる表象の転換を試みたのである。

修士課程の講義で、このような活動に携わる人々についてのドキュメンタリーを見た私は、直感的に「面白そう!」と思い、グラストンベリーと女神運動に出会い、現在でもかかわりを続けている［河西 二〇一五］。

話を二〇一〇年のグラストンベリー女神カンファレンスに戻そう。私が女陰を見たのは、三日目の夜の儀式だった。以下では女陰をヨニとも表記する。女神運動の人々の間では、サンスクリット語で女陰を意味する「ヨニ」という語がよく使われている（ただし、一般的に知られている英単語ではない）。

思えば、この年は様々な形で女陰が取り上げられていた。初日には女陰を象った手作りのバッジが参加者の印として配布され（写真）、三日目の朝には、リアノン（四〇代）というプリーステスが講演で、女陰の形をした岩、雲、蘭、蝶、滝、洞窟、彫刻、絵画、実物の写真をスクリーンに次々と映し出していった。小顔で痩身、真っ赤なドレスがよく似合う彼女は、「ヨニ!! あー、なんと美しいの」と、恍惚とした表情の中にも、大袈裟なパフォーマンスと挑戦するような目つきで、この女性性器を褒めちぎっていた。

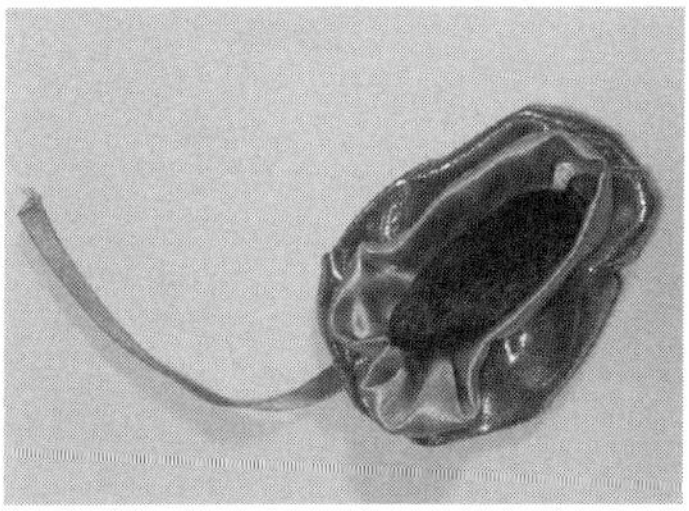

女陰を象ったバッジ。縦長のバラの花のようにみえるが，「花びら」が二重になっていて，中央にもっこりとした長丸があり，女陰を表している

午後には、夜に向けた「準備体操」があった。体を激しく

動かすことでトランス状態に陥った参加者に、失恋や死などの辛い体験を思い出させた後に、全裸の女性が愛の女神として人々の傷を癒すという演劇療法のような儀式だった。

　夕食休憩の後、八時からいよいよ夜の儀式が始まる。その様子を当時のフィールドノートを元に再現しよう。

　会場である町の会館では、入り口で赤い衣装のプリーステスから赤い布で目隠しをされる。その手に導かれ、大広間へ。クッションに座ると、呼ばれるまで待つように告げられる。数人ずつ、ランダムに呼ばれていくようで、私の順番はなかなか来なかった。

　喉は乾ききっているのに、体は寒さに震えていた。暇で暇で仕方なかったが、視覚が遮断されていると、他の感覚がすごく研ぎ澄まされていくことを知った。

　周囲の音がいつもよりよく聞こえる。ビーンというシンギングボール、ウワァーというよく響くアルト・ヴォイス。ズドーンドーンというドラムや、ヴァーンという銅鑼の音が、空気をびりびりと震わす振動とともに伝わってくる。鼻につんと来るいぶしたハーブの芳香。ひんやりとした夜風。羽で柔らかく腕をさすってくれるプリーステスたち。彼女たちが時折、霧吹きでシュッとかけてくれる水。私の腕は、その雫の一粒一粒を感じ取っていた。そして、そっと口に含ませてくれる葡萄。一粒目はいつもの味だったけれど、寒さと喉の渇きで意識が朦朧としていたときの二粒目は、こんなに甘い果物だったかと思うほどの甘さが口に広がった。

　退屈で寒くて脱水症状で、意識がなくなりかけていた頃、ビンと何かが右の手に触れた。右手を取ったプリーステスは「一緒に来てくださる？」と尋ね、ふらふらしている私を数十歩歩かせたところで、やっと目隠しを外してくれた。会館の真ん中に立たされた私の目の前にあったのは、モンゴルのゲルのように大きく、真っ赤なテント。その傍らに立つプリーステスは、入口の赤いカーテンを開け、入るよう促す。ちらっと腕時計を見ると一〇時四五分。開始から二時間四五分が過ぎていた。

赤いテントの中には九人の「女神」が椅子に座っており、半裸で参加者を抱きしめていた。次の誰かを待っている「女神」が、私の「女神」のはずだ。彼女に扮していたのは、朝ヨニの話をしていたリアノンだった。不自然な赤毛と鮮明な赤色の造花の花輪。顔には紅の仮面をつけ、赤いレース地のベールを垂らしている。体は真っ赤なサテンの布で覆っているものの、乳房は左右ともにあらわにし、生脚を不自然なほど大きく開いて、堂々と椅子に座っていた。

促されて、彼女の前にぺたんと座る。その、私の視線のちょうど先にあったのは、全開の両脚の間に見える、黒っぽいヨニ……。下着もつけずに、両脚を全開にして、見せている（隣のプリーステスをこっそり見ると、赤い下着をつけていたので、全員が見せていたわけではない）。わざと見せているのかもしれないが、それでも、あまりじろじろ見ては失礼かと、目を逸らして顔を上げると、リアノンはギリシャ神話の女神像のように、にっこりとほほ笑みながら、私を見下ろしていた。目が合った。一瞬の間をおいて、ややヒステリックに二人で笑い出す。「は、は、は、は、は、は、は」少し体をのけぞらせて、もう一度。「は、は、は、は、は、は、は」何がおかしいのかわからないが、笑いすぎて涙が出てくる。

彼女は半裸の体で、その胸に何度も何度も私を優しく抱きしめる。耳かきをしてもらうときのように、膝に頭を乗せると、髪の生え際を優しくなでてくれた。「美しい」。「いい子だね」。そう語りかけては、また両腕でぎゅっと抱きしめる。

まだ待っている人もいたので、長居せずに出たつもりだったが、すでに一一時を過ぎていた。

さて、この儀式の評判は散々だった。ある友人（三〇代）は「裸で抱きしめられるのはすごく変な気がした」と違和感を口にした。数日後、カンファレンスで知り合った女性（五〇代）からもらったメッセージでは、目隠しをされたことが不愉快であったうえ、待ち時間が長すぎたため、途中で帰ったと述べた後に、「私たちは穏やかと優美さが好きなのです。いつも咆哮するライオンである必要はありません。女神が、早朝の静けさの中で、一粒の雫のきらめきとして、私たちに話しかけていることを忘れないで」と結んであった。参加者からの苦情のためか、もともと続けるつもりはなかったのか、翌年からセクシュアリティを前面に出す傾向は消えた。二〇一七年に女神カンファレンスを再調査した時も、似たような形で「女神」と出会う儀式はあったが、リアノンも含め、誰も裸は見せていなかった。

なお、私にヨニを見せたリアノンは、この年のカンファレンスの直前に女性限定でオルガズムに達しやすくするための「ヨニ・マッサージ」という講座を開き、男性限定なら許容されただろうか、性差別だなどと苦言を呈する住人からの投書が地元紙に掲載されるだけでなく、参加者の一部からも道徳性を疑う声が上がるなど、そのラディカルさが物議を醸しているプリーステスだ。現在、女神を通して、愛を学ぶ講座を開いており、その発表会のようなイベントに偶然参加したことがあった。この時、踊りを披露した一人の受講生は、動きの激しさからドレスがはだけていき、徐々に乳房がむき出しになっていったのだが、当人は恥ずかしがるそぶりもなく、むしろ誇らしげに踊り切った。このように、少人数の講座では、ラディカルなセクシュアリティを許容する流れは続いているようだ。

後になって改めて思い出すと、「異様」な儀式だったわけだが、私自身は不愉快に感じるというより、想定外の出来事にうろたえていた。女性であっても、実物の女陰を見る機会は、産婦人科医など特殊な職業の人でない限り、極めて少ない。女湯の女性たちは全裸だが、女陰は隠れているし、自分のさえ鏡を使わないとよく見えない。長時間、視覚を遮断され、全身も疲労し、意識がはっきりしない中で、隠すべきとされているものを見せられ、狼狽したせいか、リアノンの後ろから後光がさしているように見え、彼女は女神だ、と思ってしまったのも事実である（翌日、本人にそう伝えると、「本当に女神だったのよ」とにやりと返された）。

女神運動では、女陰や乳房など、女性性器を神聖視する傾向がある。異論もあるだろうが、彼らの論理では、キリスト教は、性にまつわる事象、とりわけ女性のそれは、恥ずべきものとして、認めてこなかったが、キリスト教が到来する以前の社会は、性にかんして、もっとおおらかだったとされる。

妊婦の腹を美しいものとして描き出す

たとえば、アイルランドやイギリスの古い建物には、とぼけた顔をした女性が、しゃがみこみ、両手で自らの女陰を広げている彫刻が見られる。「シーラ・ナ・ギグ」と呼ばれる彼女の謎は解明されていないが、女神運動では、古代のケルト社会で女性性が尊重されていた証拠とみる。要するに、性にまつわる事柄を恥ずかしいと否定的に捉えるのはキリスト教的な考え方であり、その固定観念から解放されることで、女性（あるいは男性）としての生をより自由に生きようというわけである。

女陰を殊更に取り上げる過激な風潮は失われても、乳房を見せている女神像が展示されたり、町の中心部を練り歩く最終日の行進のとき、上半身にはブラジャーのみをつけて歩く女性がいたりする。これらの行為は、女神運動の中では批判の対象にはならないのである。

学術論文であれば、彼らの実践は規律化された身体を求める社会からの逸脱として、フーコーの身体論などを用いながら、論じられたりするのだろう。しかし、以下では本書の趣旨に従って、日本の文脈に引き付けて考えてみたい。

キリスト教に比べて、日本の神道や仏教は性に寛容だといわれる。男根を神体とする神社があったり、歓喜仏を祀る寺があったり。宗教に限らず、街中で男根を強調する広告やキャラクターを見かけることもある。一方、相方である女陰は、同様の扱いを受けていない（ただし神話の中にはある。たとえば、ウズメは天岩戸に隠れた天照大神を誘い出すため、裸で踊ったとされる）。その背後にあるのが、女陰への畏怖なのか、女性への蔑視なのか、創作の対象になりうるだけの魅力をもっていないのか、ここでは議論しない。しかし、女人禁制の山や島、相撲など、女性の立ち入りを拒む「伝統」が、その根拠を問われるとき、当人たちの主張はともかく、一般論としては、女性の身体が月経や出産によって穢れているとして拒むのだろうが、穢れという考えは時代錯誤だ、と論じられがちである。

乳房をあらわにして描かれた女神。公道のためか，女陰は隠されている

　冒頭で述べたように、女性と穢れを結びつける思想は、日本に限ったものではなく、フェミニストたちはその払拭に努めてきた。ここで取り上げた女神運動は、女性は穢れているのではない、というだけではなく、恥ずべきものとされてきたその身体は、むしろ神聖なのだと強く主張し、儀式や芸術を通してそのイメージを創りだし、社会を変えていこうとした。

女性同士のつながりの場と女性の霊性の聖性が保証されていた日本の社会では、女神運動はあまりはやらなかったと指摘されているが〔佐伯　一九九八〕、女性の身体の再聖化という思想は、現在の日本社会においても有効のように思える。なお、その担い手は女性に限られるわけではない。かつて女神運動に携わる男性が、「女神運動の女性観は、自分の女性との経験に合致したから、関わっている」と語ってくれたように、性別にかかわらず開かれているのである。

＊

「確かにそうかもね」

今までの女神運動で目にしたいくつかの場面を思い浮かべながら、少しだけグラスに残っていた、月経血のように深紅のワインを、くっと飲み干した。

❖参照文献

河西瑛里子　二〇一五『グラストンベリーの女神たち――イギリスのオルタナティヴ・スピリチュアリティの民族誌』法藏館

クライスト、キャロル　一九八二「なぜ女性には女神が必要なのか」（奥田暁子・岩田澄江訳『女性解放とキリスト教』新教出版社、二六一―二八二頁）

佐伯順子　一九九八「女神を求めて――アメリカにおける「女性の霊性」運動と日本」（田中雅一編『女神――聖と性の人類学』平凡社、三五七―三八九頁）

あとがき

本書はフィールドワークについての本であり、一般の読者を想定したエッセイ集である。それと同時に、若い研究者が共同作業を続けるための新しい道を探ることもまた、この本の意図である。本書の刊行までの経緯と共に、その趣旨を述べておく。

私が共編者の神本秀爾氏に初めてお会いしたのは、二〇一四年六月の「宗教と社会」学会の大会であったと思う。この辺り、共編者二名の記憶がやや曖昧である。一方、二〇一六年七月、あるシンポジウムの会場で、集広舎の川端幸夫氏にお目にかかった。そのちょうど一年後、昨年の七月に、九州人類学研究会総会の会場で神本氏と再会した。九州人類学研究会とは、九州各地の文化人類学、民俗学や宗教学等の分野に関わる研究者の会である。この研究会の他に、九州には西日本宗教学会がある。この学会の経緯については、九州大学の関一敏名誉教授の一文がある（関一敏　二〇一三「巻頭言」『西日本宗教研究誌』一：一―二）。この会もまた、九州に住む研究者が交流する貴重な機会となった。地方に住む大学院生にとって、こうした会合の持つ意義は大きい。九州は思いのほか広く、すぐに一堂に会するというわけにはいかない。二つの会の活動がなければ、私が神本氏や川端氏と福岡でお会いすることはなかったはずである。若い研究者同士の交流の新しい方法を模索することは本書の目的の一つなのだが、その基盤となるのは、こうした地方学会や研究会であろう。

二つの会に加えて、川端氏のご尽力がなければ、本書の刊行は実現し得なかった。集広舎のホームページでは、様々なコラムを掲載している。若い研究者達を中心にできるだけ幅広く呼び掛けて、交代でこの連載を続けてみたい。その旨を川端氏にお願いしたところ、幸いなことに、快諾していただいた。その後、私は神本氏に執筆と、寄稿者選定についての協力を依頼した。これが本書の原型となった計画であり、二〇一七年の夏頃から始まった。インターネット上でのエッセイの連載という計画が、いつからか書籍の出版企画に変わった。なお、本書の寄稿者の多くは、元々は集広舎ホームページ上のコラムの執筆をお願いした方々であった。編集に際しては、花乱社の別府大悟氏にご尽力いただいた。また、本書の出版に際しては、平成三〇年度久留米大学文学部教育研究振興資金の助成を受けた。

地方における学会や研究会の意義は大きい。しかし、会合の頻度を上げることは難しい。先に述べた通り九州は広く、また、大学院生の数が多いとは言えない。研究会を始めても、続けることは容易でない。それに加えて、上記の「宗教と社会」学会や日本文化人類学会といったいわゆる全国学会の大会を通じて離れて住む研究者同士が知り合った場合、同じ場所に何度も集まるのは無理である。その一方で、インターネットを使った研究者同士の交流は、年々便利になっている。Ｅメールのみならず、各種のＳＮＳがある。口頭発表の代わりに何か計画を共有すれば、交流は続けられるはずだ。予算の獲得や書籍の出版といった目的の設定も可能である。神本氏と幾度かメールでのやり取りを続けるうちに、大体このような構想ができあがった。この時に私が連載の目的として考えていたのは、研究会の開催とは別のやり方で、若い研究者が継続的に交流する方法を探ることだった。しばらく経ってから、一般読者に向けたフィールドワークについてのエッセイ集を出すという目的が加わったように記憶している。

本書の意図について、共編者の神本氏やそれぞれの執筆者は、また別の見解をお持ちのはずである。二名の編者を含めた各執筆者の意図を、本書では出来るだけそのままに残そうとした。これは多分に私の好みでもあるのだが、そのことが、内容や形式の不統一に現れているかも知れない。これは編者にとっても厄介な問題であったし、締め切りまでの時間が少なかったことと相まって、寄稿者各位にもご迷惑をおかけした。しかし、内容を可能な限り各執筆者の裁量に委ねることによって、自然と本書全体の主題が浮かび上がったようにも思う。本書の刊行を契機に、二名の編者を含む寄稿者と読者の間に、新たな対話が始まることを願っている。是非とも、ご感想をお寄せください。

二〇一八年七月二二日

岡本圭史

❖執筆者一覧（執筆順／*は編者）

⑴ フィールド ⑵ 所属 ⑶ 著作

神本秀爾*（かみもと・しゅうじ）
⑴ ジャマイカ
⑵ 久留米大学文学部 准教授
⑶ 2017『レゲエという実践――ラスタファーライの文化人類学』京都大学学術出版会。

萩原卓也（はぎわら・たくや）
⑴ ケニア／日本
⑵ 国立民族学博物館 外来研究員／びわこ成蹊スポーツ大学 非常勤講師
⑶ 2014『「開発」プロジェクトの現前化――ケニア・ルワンダ・ネパールにおける個人の生活世界の再編に着目して』国際研究発信力強化プログラム・リサーチC&M報告書（共著：萩原卓也・近藤有希子・安念真衣子）。

河西瑛里子（かわにし・えりこ）
⑴ イギリス
⑵ 京都大学人文科学研究所 非常勤講師，甲南女子大学 非常勤講師
⑶ 2015『グラストンベリーの女神たち――イギリスのオルタナティヴ・スピリチュアリティの民族誌』法藏館。

山本達也（やまもと・たつや）
⑴ インドおよびネパール
⑵ 静岡大学人文社会科学部 准教授
⑶ 2013『舞台の上の難民――チベット難民芸能集団の民族誌』法藏館。

藤井真一（ふじい・しんいち）
⑴ ソロモン諸島国
⑵ 日本学術振興会 特別研究員PD／国立民族学博物館 外来研究員
⑶ 2018「ソロモン諸島における真実委員会と在来の紛争処理――紛争経験の証言聴取をめぐるグローバル／ローカルの緊張関係」，『文化人類学』82(4)：509-525。

飯塚真弓（いいづか・まゆみ）
⑴ インド
⑵ 国立民族学博物館 外来研究員／高崎経済大学地域政策学部 非常勤講師
⑶ 2011「ディークシタルの居住空間からみるコンタクト・ゾーン」『コンタクト・ゾーン』4：116-137。

康 陽球（かん・やんぐ）
⑴ ベトナム
⑵ 京都大学大学院人間・環境学研究科 博士後期課程／日本学術振興会 特別研究員
⑶ 2017「民族認識の変容における親密圏の役割――在日朝鮮人家族のなかの日本人妻たち」『文化

人類学』81(4)：586-603。

西牟田真希（にしむた・まき）
⑴ 三池炭鉱（福岡県・熊本県）と関西圏
⑵ 関西学院大学 非常勤講師／株式会社応用社会心理学研究所 調査・研究アシスタント
⑶ 2013「映像と語りによる展示――『こえの博物館』のプロジェクトを事例に」『博物館学雑誌』38(2)：91-104。

中尾世治（なかお・せいじ）
⑴ ブルキナファソ
⑵ 総合地球環境学研究所 研究員
⑶ 2018『オート・ヴォルタ植民地におけるカトリック宣教団とイスラーム改革主義運動――植民地行政と宗教集団の教育をめぐる闘争』上智大学イスラーム研究センター。

河野正治（かわの・まさはる）
⑴ ミクロネシア連邦
⑵ 日本学術振興会 特別研究員PD／京都大学大学院人間・環境学研究科
⑶ 2015「状況に置かれた伝統的権威――ミクロネシア連邦ポーンペイの首長制にみるフレームの緊張」『文化人類学』80(2)：150-171。

渡辺 文（わたなべ・ふみ）
⑴ フィジー
⑵ 同志社大学グローバル地域文化学部 助教
⑶ 2014『オセアニア芸術――レッド・ウェーヴの個と集合』京都大学学術出版会。

菅沼文乃（すがぬま・あやの）
⑴ 沖縄
⑵ 南山大学人類学研究所 非常勤研究員
⑶ 2017『〈老い〉の営みの人類学――沖縄都市部の老年者たち』森話社。

中屋敷千尋（なかやしき・ちひろ）
⑴ 北インド，スピティ渓谷（チベット系社会）
⑵ 京都大学人文科学研究所 研究員
⑶ 2017『つながりの文化人類学――インド・チベット系社会における親族と非親族をめぐって』博士学位論文，京都大学大学院人間・環境学研究科提出。

髙村美也子（たかむら・みやこ）
⑴ タンザニア
⑵ 南山大学人類学研究所 研究員⑶ 2014「スワヒリ農村ボンデイ社会におけるココヤシ文化」『アフロ・ユーラシア内陸乾燥地文明研究叢書』11。

岡本圭史＊（おかもと・けいし）
(1) ケニア
(2) 中京大学心理学研究科 博士研究員
(3) 2017「改宗過程の捉え方——ケニア海岸地方ドゥルマにおけるキリスト教と妖術」『宗教と社会』23：1-14。

大坪加奈子（おおつぼ・かなこ）
(1) カンボジア
(2) 九州大学大学院人間環境学研究院 学術協力研究員
(3) 2016『社会の中でカンボジア仏教を生きる——在家修行者の経験と功徳の実践』風響社。

ラウンド・アバウト
フィールドワークという交差点《こうさてん》
2019年1月25日　第1刷発行
編　者　神本秀爾・岡本圭史
発行者　川端幸夫
発　行　集広舎
〒812-0035 福岡市博多区中呉服町5番23号
電話 092 (271) 3767　FAX 092 (272) 2946
制　作　図書出版花乱社
印刷・製本　モリモト印刷株式会社
ISBN978-4-904213-65-0